개발, 그렇게 하는게 아닌데?

AI
IT

개발, 그렇게 하는게 아닌데?

강성봉, 자니스

드러커마인드

차례

책에 들어가며

여러분은 개발을 무엇이라 생각하나요? 개발이 가져오는 혁신과 가치는 다양한 관점에서 이해할 수 있습니다. 단순히 기술적인 문제를 해결하는 것을 넘어 우리의 일과 삶 그리고 사회 전반에 깊숙이 스며들어 새로운 가능성을 열어줍니다.

경영자의 관점 :
단순한 비용을 넘어선 '성장의 지렛대'와 '지수적 확장'

●

많은 경영자들이 경영 회의에서 '개발'을 논할 때, 주로 '개발 비용'이나 '개발 인력 충원'과 같은 단어에 머무르는 경우가 많습니다. 이는 개발을 단순한 지출 항목, 즉 '빼기'의 개념으로만 보기 때문입니다. 한 명의 인력을 더 고용하면 그만큼의 월급과 부대비용이 발생하고, 그 직원의 생산성은 선형적으로만 증가한다고 생각하기 쉽습니다. 그러나 개발, 특히 소프트웨어 개발은 이와 완전히 다른 논리로 작동합니다.

개발은 초기에 막대한 시간과 자원이라는 '마이너스'를 감수하는 투자입니다. 새로운 시스템을 구축하거나 기존 프로세스를 자동화하는 데는 상당한 비용과 노력이 필요합니다. 그러나 이 투자가 일단 완료되면, 그 효과는 단순한 '더하기'가 아닌 '곱하기'가 됩니다.

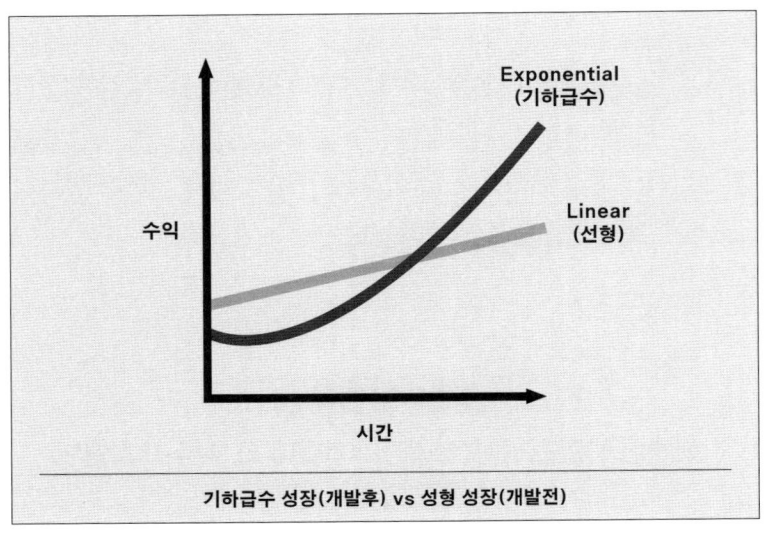

기하급수 성장(개발후) vs 성형 성장(개발전)

예를 들어, 한 기업이 의뢰인관리 시스템(CRM)을 구축했다고 가정해 봅시다. 이 시스템은 영업팀의 모든 의뢰인 데이터를 통합하고, 의

개발, 그렇게 하는게 아닌데?

뢰인과의 모든 상호작용 기록을 자동으로 저장하며, 다음 단계의 영업활동을 제안합니다. 이 시스템이 없다면 영업 사원은 의뢰인과의 통화 내용을 수기로 메모하거나, 스프레드시트를 정리하는 데에 매일 2~3시간 이상의 시간을 소비했을 것입니다. 하지만 시스템이 모든 것을 자동화하면서, 영업 사원은 귀한 시간을 의뢰인에게 더 집중하고, 더 많은 잠재 의뢰인을 발굴하는 데 쓸 수 있게 됩니다. 이는 한 명의 영업 사원 생산성을 2배, 3배로 끌어 올리는 효과를 가져옵니다. 개발은 이처럼 인력의 생산성을 폭발적으로 증대시키는 강력한 지렛대 역할을 합니다.

더 나아가 개발은 '스케일업'의 필수 도구입니다. 인력 중심의 비즈니스 모델은 사업 규모가 커질수록 인력도 선형적으로 늘어나야 합니다. 직원이 10명일 때 처리할 수 있는 의뢰인 수가 100명이라면, 의뢰인이 1,000명으로 늘어났을 때는 직원을 100명으로 늘려야 하는 구조입니다. 하지만 소프트웨어는 다릅니다. 잘 설계된 소프트웨어는 100명의 의뢰인을 처리할 수 있는 시스템이 1,000명, 심지어 1만 명의 의뢰인도 거의 동일한 비용으로 처리할 수 있는 지수적 확장(기하급수적 확장)을 가능하게 합니다.

실제로 한 온라인 쇼핑몰이 수기로 주문을 처리하고 배송 정보를 입력한다고 상상해 보겠습니다. 주문량이 하루 100건일 때는 가능하겠지만, 1,000건으로 늘어나면 수작업으로는 감당할 수 없게 됩니다. 이때 주문/배송 관리 시스템을 개발 도입하면 주문량의 증가에 상관없이 자동으로 처리하고 운송장 번호를 발급할 것입니다. 경영자는 더 많은 인력을 채용하는 대신, 자동화 시스템에 투자함으로써 더 큰 시장을 효율적으로 공략할 수 있는 힘을 얻게 된 것입니다. 개발은 경영자에게 성장의 한계를 넘어서는 '무기'인 셈입니다.

실무자의 관점 :
단순 노동에서 벗어나 '창의적 가치'에 집중하는 자유

•

실무자에게 개발은 단순한 '도구'가 아니라 비효율적이고 반복적인 업무로부터 자신을 해방시키는 기술입니다. 많은 직장인이 매일같이 반복되는 데이터 입력, 단순 보고서 취합, 정보 검색 등의 지루한 작업에 묶여 있습니다. 이러한 단순 노동은 실무자의 창의력과 문제 해결 능력을 깎아먹는 주범이 됩니다.

개발은 이러한 비효율적인 업무를 자동화 함으로써 실무자에게 진정한 자유를 선사합니다. 예를 들어, 마케팅 담당자가 각 소셜 미디어 채널의 성과 데이터를 수집하고 이를 엑셀에 붙여 넣은 뒤 그래프를 만드는데 매주 6시간을 사용한다고 가정해 보겠습니다. 이 작업을 자동화 하는 프로그램을 만들면, 매주 6시간이라는 시간을 온전히 다른 곳에 쓸 수 있습니다. 6시간을 아껴 새로운 콘텐츠 기획, 경쟁사 분석, 의뢰인 인터뷰, 개인의 역량 강화 등 본질적인 가치 창출에 집중할 수 있게 되는 것입니다.

실제로 한 회계 담당자는 매달 수백 개의 영수증을 일일이 확인하고 지출 내역을 입력하는 일에 시달렸습니다. 그는 파이썬으로 영수증 이미지를 분석하고 자동으로 데이터베이스에 입력하는 스크립트를 만들었습니다. 그결과 그는 더 이상 단순 입력 작업에 매달리지 않고, 회사의 재정 상태를 분석하여 비효율적인 지출을 찾아내고, 경영진에게 전략적인 재무 조언을 제공하는 등 진정한 전문가로서의 역량을 발휘하게 되었습니다.

이처럼 개발은 단순히 업무를 빨리 끝내는 것을 넘어, 사람을 더 고차원적인 사고와 창의적인 기획에 집중하도록 이끌어 줍니다. 이것이 바로 개발이 가져오는 실무자의 '해방감'이자 '업무 효율성'의 본질입니다.

개발자의 관점 :
문제 해결의 즐거움과 세상의 변화를 이끄는 '주체'

●

개발자에게 코딩은 단순한 직업적 행위가 아닙니다. 그것은 세상의 '문제를 발견하고, 해결하는 과정' 그 자체입니다. 개발자들은 일상에서 마주치는 비효율이나 불편함을 그냥 지나치지 않고, "어떻게 하면 더 좋게 만들 수 있을까?"를 고민합니다. 그리고 그 고민의 결과물을 '코드'라는 언어로 현실에 구현합니다.

반복적인 업무를 자동화하는 스크립트를 만들거나, 수많은 데이터 소싱에서 의미 있는 패턴을 찾아내는 알고리즘을 개발했을 때, 개발자는 단순히 주어진 일을 끝냈다는 성취감 이상을 맛보게 됩니다. 그들은 자신의 손으로 만든 코드가 다른 사람의 삶을 더 편리하게 만들고, 더 나은 가치를 창출하는 것을 직접 목격합니다. 한 줄의 코드가 수많은 사람의 시간을 절약해주고, 복잡한 과정을 단순화시키는 것을 보며 느끼는 희열은 개발자들에게 강력한 동기부여가 됩니다.

실제로 한 개발자는 자폐 스펙트럼 아동을 둔 부모들이 치료 정보를 얻는 데서 어려움을 겪는 것을 보고 관련 정보를 한 곳에 모아주는 서비스를 개발했습니다. 이 앱은 많은 부모에게 큰 도움이 되었고, 그는 단순히 돈을 버는 일을 넘어 기술로 사회에 긍정적인 영향을 미치는 경험을 했습니다. 개발자는 기술을 다루는 '기술자'를 넘어, 자신의 아이디어를 현실로 구현해 세상에 변화를 일으키는 '창조자'이자 '선구자'인 셈입니다. 그들에게 개발은 단순히 코드를 짜는 행위가 아니라, '더 나은 세상을 만드는 즐거움'인 것입니다.

의뢰인과 사회의 관점 :
'가치의 민주화'와 삶을 바꾸는 '인프라'

•

과거에는 특정 기술이나 서비스를 이용하기 위해 거대한 자본, 높은 진입 장벽, 복잡한 절차가 필요했습니다. 하지만 개발은 이러한 장벽을 허물고 '가치의 민주화'를 이끌었습니다. 이제 개인이나 소규모 스타트업도 소프트웨어 덕분에 대기업이 제공하던 서비스를 구현하

개발, 그렇게 하는게 아닌데?

고, 전 세계 시장을 상대로 비즈니스를 펼칠 수 있습니다.

실제로 과거에는 책을 출판하려면 출판사를 거쳐야 했고, 앨범을 내려면 음반사와 계약해야 했습니다. 하지만 지금은 개인이 전자책을 만들어 온라인 플랫폼에 올리고, 자신이 만든 음악을 스트리밍 서비스에 쉽게 등록하여 전 세계 팬들과 만날 수 있습니다. 개발은 정보와 창작물의 생산, 유통, 소비를 개인의 손안으로 가져왔습니다. 또한, 개발이 만들어 낸 수많은 서비스는 이제 우리 삶의 '인프라'가 되었습니다. AI 기반의 핀테크 앱은 은행에 가지 않고도 언제 어디서든 금융 거래를 가능하게 했고, 배달 앱은 식료품 구매나 음식 주문의 방식을 완전히 바꿔놓았습니다. 우리는 의식적으로 인식하지 못하지만, 이미 개발이 만들어 낸 편리함 속에서 살아가고 있습니다. 개발은 단순히 편의를 제공하는 것을 넘어 삶의 방식을 근본적으로 바꾸는 힘을 지니고 있습니다.

철학적 관점 :
'미래를 설계'하는 행위와 '연결'의 힘

•

개발은 단순히 눈앞의 문제를 해결하는 기술이 아닙니다. 그것은 미래의 삶을 그려내고, 그 그림을 현실로 만드는 '설계' 행위입니다. 개발자는 1년 뒤, 5년 뒤, 10년 뒤에 사람들이 무엇을 필요로 할지 상상하고, 그 미래를 위한 시스템을 미리 구축합니다. 예를 들어 스마트시티 개발자는 단순히 신호등을 자동화하는 것을 넘어, 도시의 모든 교통 흐름과 에너지 사용 패턴을 분석하여 미래 도시의 효율성을 극대화할 수 있는 솔루션을 설계합니다. 이러한 장기적 관점은 개발이 단순한 기술적 행위가 아니라, 인류의 미래를 만들어가는 거시적 작업임을 보여줍니다. 또한, 개발은 '연결'의 기술입니다. 혼자서는 불가능한 일을 기술을 통해 다른 사람, 다른 시스템과 연결함으로써 가능하게 만듭니다. 오픈소스 커뮤니케이션에서는 전 세계의 개발자들이 협업하여 인류에게 도움이 되는 소프트웨어를 만들고, 인공지능 기술 개발은 방대한 데이터를 연결하여 새로운 지식을 창출합니다. 이 연결에서 새로운 가치가 탄생하고, 이 가치가 다시 세상을 변화시킵니다.

그럼에도 불구하고, 개발의 그림자를 직시해야 합니다. 개발이 가져오는 혁신과 발전은 눈부시지만, 그 이면에는 반드시 우리가 고민해야 할 역기능도 존재합니다. 기술의 발전이 특정 직업을 소멸시키거나, 디지털 소외 계층을 만들어낼 수 있습니다. 또한, 알고리즘의 편향성, 데이터 프라이버시 침해, 기술 중독 등 개발이 낳은 그림자는 앞으로 해결해야 할 숙제입니다.

결론적으로, 개발은 단순히 '해야 하는' 행위를 넘어섭니다. 그것은 성장, 효율, 창조, 그리고 미래를 위한 투자이자 설계입니다. 우리는 개발이 가진 긍정적인 힘을 활용하여 더 나은 세상을 만들어가는 동시에, 그 그림자까지 함께 고민하고 책임져야 할 것입니다. 이것이 바로 기술이 우리의 삶의 일부가 된 오늘날 우리가 가져야 할 올바른 태도가 아닐까 생각합니다.

이 책을 저술한 이유

1981년 7월 17일, 미국 캔자스시티에 위치한 하얏트 리젠시 호텔의 4층 보행자용 통로가 무너지는 사고가 발생하여 114명이 사망하고, 200여 명이 부상을 입었습니다. 이 비극의 원인은 하중 분배 설계의 결함이었습니다. 만약 누군가 저자에게 이 사고가 예방될 수 있었냐고 묻는다면, 저자는 절대적으로 "가능합니다!"라고 대답할 것입니다.

건물을 짓기 위해서는 먼저 구조 공학적 계획을 세우고, 기둥과 보, 트랜스퍼 플레이트 등의 요소에 대한 응력과 휨 모멘트를 계산해야 합니다. 그리고 최신 설계 기준을 적용하였는지 검토해야 합니다. 그렇다면, 보행자 통로의 문제를 인지할 기회는 기획 및 설계 단계뿐이었을까요? 아닙니다.

건설 과정에서도 하중 테스트를 수행해야 합니다. 지붕 슬래브에서 진행되는 하중 테스트와 같은 시험을 통해 균열이 발생하거나 통로가 휘어지는 현상을 감지할 수 있었을 것입니다. 그러나, 이 단계에서도 설계 결함이 발견되지 않을 수 있습니다.

- 미국 캔자스 시티의 하얏트 리젠시 호텔 무너짐 사고
  (사진: 캔자스 시티 경찰서)

그렇다면, 완공 후에는 문제가 발견될 수 없었을까요? 아닙니다. 콘크리트 건축물과 보행자 통로는 단순히 갑작스럽게 붕괴 되지 않습니다. 건축에 대한 기본적인 지식이 없는 사람이 설계한 것이 아니라면, 구조적 문제의 징후가 서서히 나타났을 것입니다. 통로에는 시간이 지나면서 균열이 생기거나 구조적 이상이 드러났을 것입니다. 만약 유지보수 직원들이 세심한 관찰력을 발휘하여 이러한 균열을 감지했다면, 대형 참사를 막을 수도 있었을 것입니다.

이 글을 읽는 독자분들은 이미 깨달았을 것입니다. 이 사고는 보행자 통로의 건설 주기 어느 단계에서든지 충분한 주의를 기울였다면 예방할 수 있었던 '인재'였습니다.

소프트웨어 공학과 건축의 유사성

●

소프트웨어 엔지니어링에 관한 책에서 건축 이야기가 나와서 의아하실 수도 있을 것이라 생각합니다. 하지만 소프트웨어를 개발하는 것은 건물을 짓는 행위와 매우 유사합니다. 건물의 아키텍처가 잘못 설계되면 확장하기 어려워지고, 비용이 증가하며, 때로는 유지보수가 불가능해질 수도 있습니다. 이는 소프트웨어에서도 동일하게 적용됩니다.

소프트웨어 개발 시 사용하는 아키텍처뿐만 아니라, 구성요소와 라이브러리(Library: 개발시 자주 쓰이는 코드를 묶어놓은 것)선택 또한 중요한 역할을 합니다. 만약 적합한 라이브러리를 선택하지 않는다면, 시간이 지나가면서 심각한 문제를 야기할 수 있습니다. 그렇다면 비기술적 배경을 가진 창업자가 이러한 사항을 어떻게 알 수 있을까요? 바로 이러한 의문이 이 책을 집필하게 만든 동기입니다.

이 책은 약 300명 이상의 다양한 산업 분야 의뢰인들과 협력하고 컨설팅한 경험을 바탕으로 작성되었습니다. 깊이 있는 기술적인 내용보다는 소프트웨어 엔지니어링 프로젝트 및 엔지니어링 팀을 관리하는 데 필요한 실용적인 정보를 제공하는 것이 목적입니다.

그러나 프로젝트 관리만을 다루는 것이 아니라, 소프트웨어 아키텍처의 기본 개념, 애자일(Agile)방법론, 그리고 소프트웨어 프로젝트 관리에서 반드시 알아야 할 몇 가지 기술적 요소도 함께 소개할 것입니다. 또한 원활한 프로젝트 운영을 보장하는 실용적인 내용을 제공하여 개발자들의 성공적인 소프트웨어 개발을 지원하고자 합니다.

AI시대 개발자와 경영자를 위한 안내서

A Guide for Developers and
Managers in the Age of AI

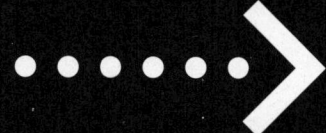

AI시대 개발자와 경영자를 위한 안내서

AI는 더이상 영화 속에나 등장하는 미래 기술이 아닙니다. 2000년대 초반의 '인터넷'처럼, AI는 이제 비즈니스의 근간을 이루는 새로운 인프라이자 생존을 위한 필수 도구가 되었습니다. 많은 기업이 AI 도입을 서두르지만, 그 과정에서 수많은 시행착오와 갈등을 겪습니다. 가장 큰 이유는 AI라는 거대한 공룡을 서로 다른 위치에서 더듬고 있기 때문입니다.

경영자에게 AI는 '경쟁력'과 '수익'이라는 언어로 해석되는 전략적 투자 대상입니다. 반면 개발자에게 AI는 '데이터'와 '모델'이라는 언어로 구현되는 기술적 과제입니다. 이 둘의 시각 차이를 이해하고, 공동의 언어를 찾는 것이 AI 시대의 성패를 가르는 첫걸음이라 생각합니다.

개발자 관점 :
'코더'에서 'AI가치 창조자'로의 진화

•

개발자에게 AI 시대는 새로운 언어를 배우는 것과 같습니다. 과거에는 Java, Python 같은 프로그래밍 언어와 프레임워크가 개발자의 핵심 역량이었다면, 이제는 AI모델, API, 데이터를 다루는 능력이 새로운 무기가 되었습니다. 이는 단순히 기술 스택의 변화를 넘어, 역할의 근본적인 진화를 요구합니다. 아래에서 개발자가 갖춰야 할 새로운 사고 방식에 대해 정리하겠습니다.

AI 리터러시(AI Literacy)확보

단순히 OpenAI의 API를 호출하는 것을 넘어, 사용하려는 모델의 원리와 명확한 한계를 이해해야 합니다. 예를 들어, 거대 언어 모델(LLM)이 왜 사실이 아닌 정보를 그럴듯하게 만들어내는지(Hallucination) 이해해야만, 이를 비즈니스 로직에 안전하게 통합할 수 있습니다.

데이터 중심 사고(Data-Centic Thinking)

"쓰레기가 들어가면 쓰레기가 나온다(Garbage In, Garbage Out)"라는 말은 AI시대의 제1원칙입니다. 최고의 모델도 편향되거나 품질이 낮은 데이터 앞에서는 무력합니다. 이제 개발자는 어떤 데이터를, 어떻게 정제하고, 어떻게 라벨링하여 모델에 공급할지 고민하는 '데이터 엔지니어'의 관점을 가져야 합니다.

정확한 문제 정의 능력

AI는 만능 해결사가 아닙니다. 특정 문제를 푸는 정교한 도구일 뿐입니다. "AI로 뭔가 멋진 걸 해보자"는 막연한 접근은 실패로 이어집니다. "의뢰인 이탈 예측 정확도를 10% 높이기 위해, 지난 3년 간의 의뢰인 행동 데이터와 상담 기록을 사용한다"와 같이 풀고자 하는 문제를 비즈니스 지표와 데이터 관점에서 명확히 정의하는 능력이 그 어느 때보다 중요해졌습니다.

결론적으로, AI시대의 개발자는 주어진 명세서대로 코드를 짜는 사람(Coder)에서 AI라는 도구를 활용해 비즈니스 가치를 창출하는 문제 해결사(Problem solver)로 진화해야만 살아남을 수 있습니다.

경영자의 관점 :
비용절감도구에서 가치창출엔진으로

•

경영자는 AI를 비즈니스의 성장과 지속 가능성이라는 렌즈로 바라봅니다. 그들에게 AI는 비용, 효율 그리고 시장에서의 차별화를 위한 강력한 레버리지입니다. 아래는 경영자가 스스로에게 던져야 할 핵심 질문입니다.

- 우리 회사의 어떤 문제를 AI로 해결할 수 있는가?를 정의해야 합니다. 단순히 챗봇을 도입해 CS비용을 줄이는 수준을 넘어서야 합니다. 마케팅팀의 광고 효율 최적화, 생산팀의 불량품 예측, 인사팀의 핵심 인재 이탈 방지 등 각 부서의 고질적인 문제를 AI로 해결할 수 있는지 구체적으로 탐색해야 합니다.

- AI를 어떻게 새로운 수익 모델로 연결할 것인가?에 대해서 고민해야 합니다. 진정한 AI 혁신은 비용을 절감하는 측면도 있지만, 새로운 가치 창출이 더 큰 목적입니다. 의뢰인 데이터를 분석해 개인화된 상품을 추천하는 것을 넘어, 공장의 설비 데이터를 분석해 '고장 예측 솔루션'을 새로운 서비스로 판매하는 것처럼 AI를 활용해 기존에 없던 비즈니스 모델을 만드는 방법을 고민해야 합니다.

- AI 투자와 리스크를 어떻게 균형있게 관리할 것인가?에 대해서 집중해야 합니다. AI는 막대한 가능성과 함께 데이터 보안, 개인정보 규제, 모델의 편향성 같은 새로운 리스크를 동반합니다. 경영자는 AI가 가져올 혁신에 대한 기대와 함께, 잠재적인 법적, 윤리적 문제를 어떻게 관리하고 통제할 것인지에 대한 전략을 동시에 수립해야 합니다.

성공적인 경영자에게 AI는 단순한 자동화 툴이 아닙니다. 그것은 비즈니스의 미래를 설계하는 가장 중요한 '전략적 자산'입니다.

왜 AI 프로젝트는 실패하는가?

●

AI 프로젝트가 실패하는 가장 큰 이유는 기술력 부족 때문이 아닙니다. 개발자와 경영자 사이의 깊은 '시각 차이' 때문입니다.

예를 들어 경영자는 "다음 분기까지 AI 챗봇을 도입해서 CS 인력을 30% 감축합시다. 시장 반응이 좋을 것입니다."라고 발표했습니다. 개발자는 "챗봇을 학습시킬 의뢰인 상담 데이터가 전혀 없는데요. 데이터를 수집하고 정제하는 데만 최소 6개월은 필요합니다. 그마저도 초기 정확도는 보장할 수 없습니다."라고 반응합니다. 이처럼 경영자는 AI를 '마법 상자'처럼 보고 즉각적인 성과가 나오기를 기대하는 반면, 개발자는 '데이터와 시간'이라는 현실적인 제약을 먼저 봅니다. 이 간극을 메우지 못하면 프로젝트는 표류할 수밖에 없습니다.

성공적인 AI 도입은 '비즈니스 목표(경영 언어)'와 '기술적 구현 가능성(개발 언어)' 사이를 오가는 통역과 대화의 다리를 놓는 것에서 시작됩니다. 경영자는 기술의 한계를 이해하고 인내심을 가져야 합니다. 그리고 개발자는 비즈니스의 최종 목표를 이해하고 그에 맞는 기술적 대안을 제시해야 합니다.

AI시대, 성공적인 협업을 위한 3가지 열쇠

•

시각 차이를 극복하고 성공적인 AI 프로젝트를 이끌기 위해서는 다음과 같은 협업 원칙이 필수적입니다.

❶ 작게 시작하고 빠르게 증명하라. 처음부터 수십억 원을 들여 거대한 AI플랫폼을 구축하려 하지 말고, 대신 가장 작지만 가장 확실한 문제를 하나 정해 POC(Proof of Concept, 개념증명)를 진행해야 합니다. 작은 성공 사례는 AI의 가치를 조직 전체에 증명하고, 더 큰 투자를 이끌어내는 가장 강력한 설득 도구가 될 것입니다.

❷ AI의 성능은 데이터의 양과 질에 비례합니다. 하지만 대부분의 기업 데이터는 마케팅팀, 영업팀, 재무팀 등 각 부서의 '사일로(Silo, 외딴 섬)'에 갇혀 있습니다. 경영자는 부서 이기주의를 깨고 데이터를 전사적 '자산'으로 통합하고 공유하는 문화를 강력하게 주도해야 합니다. 개발자는 이렇게 통합된 데이터를 활용해 비즈니스의 전체 그림을 볼 수 있는 AI 모델을 만들 수 있어야 합니다.

❸ AI모델이 인종이나 성별에 대한 편견을 학습하거나, 의뢰인의 민감한 정보를 유출하는 사고는 기업에 치명적인 위협이 될 수

있습니다. 이는 개발자나 경영자 어느 한쪽의 책임이 아닙니다. 경영자는 회사가 지켜야 할 윤리 원칙과 리스크 관리 정책을 수립하고, 개발자는 모델의 편향성을 탐지하고 설명 가능성을 높이는 기술적 대응 방안을 함께 고민해야 합니다.

AI는 당신의 '대체제'가 아니고 '강화제'입니다. 미래에 대한 두려움 섞인 질문들이 많습니다. "AI가 내 일자리를 빼앗지 않을까?" 이 질문에 대한 분명한 사실은 "AI는 당신을 대체하지 않습니다. AI를 다룰 줄 아는 사람이 그렇지 못한 사람을 대체할 뿐입니다."라는 것입니다. AI는 반복적인 코딩 작업을 자동화하여, 개발자가 다른 문제 해결에 집중할 수 있도록 돕는 최강의 보조 도구가 될 것입니다. AI 도입은 선택이 아니라 생존의 문제입니다. AI가 없는 비즈니스 전략은 폭풍우 속에서 나침반 없이 항해하는 것과 같습니다. 시장의 변화를 읽고, 의뢰인을 더 깊이 이해하며, 데이터 기반의 최적의 의사결정을 내리기 위해 AI는 필수 불가결합니다. 결국 AI시대의 진정한 승자는 최고의 기술을 가진 기업이 아니라, 개발자와 경영자가 서로의 언어를 이해하고 존중하며, 공동의 목표를 향해 가장 긴밀하게 협력하는 기업이 될 것입니다.

한국의 기술환경과 프로그래밍 언어 이해

Korea's Technological Environment and
Understanding of
Programming Languages

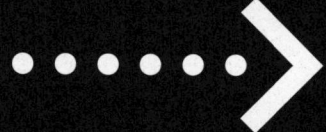

한국의 기술환경과
프로그래밍 언어 이해

티오베에서 발표한 2025년 1월 프로그래밍 언어 순위

Jan 2025	Jan 2024	Change		Programming Language	Ratings	Change
1	1			Python	23.28%	+9.32%
2	3	⌃		C++	10.29%	+0.33%
3	4	⌃		Java	10.15%	+2.28%
4	2	⌄		C	8.86%	−2.59%
5	5			C#	4.45%	−2.71%
6	6		JS	JavaScript	4.20%	+1.43%
7	11	⌃⌃		Go	2.61%	+1.24%
8	9	⌃		SQL	2.41%	+0.95%
9	8	⌄	VB	Visual Basic	2.37%	+0.77%
10	12	⌃		Fortran	2.04%	+0.94%

한국에서 가장 많이 사용하는 프로그램 언어가 무엇인지 아시나요? 2025년 1월 티오베 조사에 따르면 Python입니다. 하지만 NEWNOP에서 300명 이상의 의뢰인들에게 개발 의뢰를 받거나 컨설팅한 경험에 따르면, 많은 시스템이 PHP와 Java Spring 프레임워크를 기반으로 구축되어 있었습니다. 이 통계는 한국의 개발자 사이에서 Spring 프레임워크를 다루는 Java 개발자의 수요가 여전히 높다는 것을 시사하는 것으로, 이는 글로벌 트렌드와는 다소 차이가 있습니다. 전 세계적으로 JavaScript와 Python이 가장 많이 사용되는 언어로 꼽히고 있으니까요.

그렇다면 PHP는 여전히 사용할 가치가 있는 기술일까요? 이렇게 질문하는 이유는 PHP는 오래된 언어이기 때문입니다. 많은 사람들은 PHP가 오래된 시스템이라 생각하지만, 실제로 PHP는 확장성이 뛰어나고 강력한 커뮤니티의 지원을 받는 기술입니다. 여기서 커뮤니티 지원이란 온라인상에 정보를 찾았을 때 쉽게 정보를 찾을 수 있다는 의미입니다. 그러나 보안성과 다용성 측면에서는 일부 한계가 있습니다. 그럼 내 서비스가 오래된 개발 언어로 구축되어 있는데, 최신 기술 변화에 대응하기 위해 기존 시스템을 새로운 언어로 업그레이드를 해야 할까요? 이 질문에 대한 답은 개발하고자 하는 시스템의 특성에 따라서 달라집니다.

예를 들어, 정적인 기업 소개 페이지를 제작하는 경우라면 PHP로도 충분할 수 있습니다. 하지만 항공사 예약 시스템과 같이 보안이 중요한 시스템을 구축하는 경우라면 백엔드 및 프론트엔드 기술 스

개발, 그렇게 하는게 아닌데?

택을 다시 검토해야 할 수도 있습니다. 기술 선택은 단순한 유행이 아니라, 시스템의 보안성과 유지보수 가능성을 고려하여 신중하게 결정해야 합니다.

앞으로 우리는 이 책을 통해 소프트웨어 프로젝트의 기초 개념을 익히고, 효과적인 프로젝트 관리 방법을 학습하며, 개발팀과 협업할 수 있는 실무적인 기술을 익히는 데 도움을 드리고자 합니다.

프로그래밍 언어 이해하기

•

어느 날, 독자분께서 중요한 회의에 들어갔다고 상상해 보세요. 개발팀장이 말합니다. "이번 신규 프로젝트는 파이썬으로 빠르게 시작해서 시장 반응을 보고, 나중에 사용자가 많아지면 자바로 전환하는 게 좋겠습니다."

이때, '파이썬'과 '자바'가 낯설게 들린다면, 우리는 그 중요한 결정에 깊이 참여하기 어렵습니다. 이 글의 목표는 독자분께서 이 대화의 숨은 의미를 이해하고, 더 나은 질문을 던지는 파트너가 될 수 있도록 돕는 것입니다. 복잡한 기술 이야기는 잠시 잊고, 지금부터 두 천재 셰프의 요리 대결을 통해 프로그래밍 언어를 이해해보겠습니다.

여기 세상을 바꿀 두 명의 천재 요리사가 있습니다. 한 명은 완벽한 계획과 극한의 효율을 추구하는 'C 셰프'이고, 다른 한 명은 유연한 소통과 빠른 실험을 즐기는 'P 셰프'입니다.

두 사람의 목표는 단 하나, 바로 '컴퓨터'라는 아주 성실하지만 말 귀를 잘 못 알아듣는 주방 보조에게 최고의 요리를 가르치는 것입니다. 이 컴퓨터 보조는 안타깝게도 사람의 말을 전혀 이해하지 못하고, 오직 '0'과 '1'로 된 기계어만 알아듣습니다. 두 셰프는 이 컴퓨터 보조와 소통하기 위해 각자 완전히 다른 방식을 선택했습니다.

첫 번째 셰프 :
완벽한 '요리책'을 만드는 C 셰프의 방식

C 셰프는 '최고의 효율'을 신념처럼 여겼습니다. 그녀는 주방 보조가 단 1초의 망설임도 없이 가장 빠른 속도로 완벽한 요리를 만들기를 원했습니다. 그래서 그녀는 먼저 자신의 대표 요리의 레시피를 단어 하나까지 완벽하게 다듬어 책으로 썼습니다. 재료의 양, 오븐의 온도, 조리 시간 등 모든 변수를 계산해 그 어떤 질문도 필요 없는 완벽한 '요리책 원고(소스코드)'를 완성했습니다. 하지만 그녀는 이 원고를 주방 보조에게 바로 주지 않았습니다. 대신 세계 최고의 '번역 출판사(컴파일러)'에게 원고를 넘겼습니다. 이 출판사는 아주 특별한 곳이었습니다. 주방 보조가 '어떤 종류의 오븐을 쓰는지, 어떤 칼을 쓰는지(컴퓨터의 종류)'에 맞춰 각각의 언어로 된 가장 완벽하고 효율적인 '최종 요리책'을 만들어 주었기 때문입니다. 이 번역 과정은 시간이 꽤 걸렸지만, C 셰프는 묵묵히 기다렸습니다.

드디어 여러 버전의 '최종 요리책(기계어)'가 완성되었습니다. 이제 주방 보조는 요리를 할 때 생각할 필요가 없습니다. 그냥 자기 앞에

개발, 그렇게 하는게 아닌데?

놓인, 자신에게 100% 최적화된 요리책을 기계처럼 빠르고 정확하게 따라 하기만 하면 됩니다. 그 결과 C 셰프의 주방에서는 역사상 가장 빠른 속도로 C 셰프의 요리가 만들어졌습니다. 그러던 어느 날 C 셰프는 레시피에 '트러플 오일 한 방울'을 추가하고 싶어졌습니다. 하지만 이미 요리책은 완성되어 배포된 후였습니다. 그녀는 주방 보조에게 다가가 "여기에 오일 한 방울만 추가해!"라고 말할 수 없었습니다. 이미 완성된 책의 내용을 바꿀 수는 없으니까요. 결국 그녀는 다시 원고의 첫 장을 펴고, '트러플 오일 한 방울'을 추가한 뒤, 번거로운 번역 출판 과정을 처음부터 다시 거쳐야만 했습니다.

이것이 바로 C언어, C++, Java와 같은 '컴파일 언어'의 세상입니다. 개발자는 프로그램을 실행하기 전에 '컴파일'이라는 전체 번역 과정을 반드시 거쳐야 합니다. 이 과정은 다소 번거롭고 시간이 걸리지만, 한번 완성된 프로그램은 다른 어떤 방식보다도 압도적으로 빠른 실행 속도를 자랑합니다. 이런 언어들은 바로 C 셰프의 철학을 담고 있다고 할 수 있습니다.

C++는 C 셰프의 요리 중에서도 가장 특별하고 대담한 주방 자체를 개조하는 특급 레시피입니다. 보통의 레시피는 주방에 있는 오븐이나 칼을 사용하는 법만 알려줍니다. 하지만 이 C++레시피는 주방 보조(컴퓨터)에게 주방의 벽을 뜯고 들어가 가스 밸브를 직접 조절하고, 전기 배선을 만질 수 있는(메모리 직접 제어) 엄청난 권한을 줍니다. 이 권한을 통해 주방 보조는 보통 오븐보다 10배 더 뜨거운 순간 화력을 만들어 내거나, 믹서의 모터 회전 속도를 한계까지 끌어올릴 수

있게 됩니다. 물론 매우 위험한 일이지만요. 왜냐고요? 밸브를 조금이라도 잘못 만지만 주방 전체가 엉망이 될 수 있기 때문입니다. 하지만 이 위험을 감수하고 모든 것을 완벽하게 통제했을 때, 비로서 0.001초의 오차도 허용되지 않는 섬세한 초고속 요리가 탄생합니다.

현실과 거의 구별이 불가능한 그래픽을 보여주는 비디오 게임이나 복잡한 3D 건축 설계 프로그램이 바로 이런 극한의 성능을 요구하는 요리들입니다. 이것이 C++가 최고의 성능이 필요한 분야에서 활약하는 이유입니다.

C 셰프는 C++라는 특급 레시피로 최고의 능력을 증명했지만, 그녀에게는 또 다른 중요한 꿈이 있었습니다. 바로 자신의 요리를 전 세계 어디에서나, 누가 만들어도 언제나 똑같은 맛과 품질을 내는 '글로벌 프랜차이즈'를 만드는 것이었습니다. 하지만 큰 문제가 있었습니다. 파리 지점의 주방은 화려한 가스 오븐을 썼고, 뉴욕 지점은 강력한 전기 인덕션을, 런던의 작은 매장은 평범한 전기 오븐을 사용했습니다. 똑같은 레시피를 주어도 주방 환경(컴퓨터 운영체제)이 다르니 요리의 맛이 미세하게 달라지는 현상이 발생했습니다. 프랜차이즈에 있어 이것은 치명적인 문제였습니다.

고민에 빠진 C 셰프는 기발한 해결책을 내놓았습니다. "레시피를 각 주방에 맞게 계속 바꿀 것이 아니라, 전 세계 모든 주방을 똑같은 환경으로 만들면 되겠다!" C 셰프는 곧바로 "마법의 오븐(JVM, 자바 가상 머신)"이라 불리는 특별한 요리기구를 설계했습니다. 이것은 단순한 오븐이 아니었습니다. 자체적으로 화력 조절 장치, 타이머, 조리 공

개발, 그렇게 하는게 아닌데?

간까지 갖춘 완벽한 일체형 요리 스테이션이었습니다. C 셰프는 이 '마법의 오븐'을 전 세계 모든 지점에 똑같이 설치했습니다. 이제 파리, 뉴욕, 런던의 주방 환경이 어떻든, 모든 요리는 이 표준화된 마법의 오븐 안에서만 이루어지게 되었습니다.

이제 C 셰프의 주방 보조(컴퓨터)는 더 이상 복잡하게 생각할 필요가 없어졌습니다. 그저 '마법의 오븐 전용 레시피(Java 코드)'에 따라 재료를 넣고 버튼을 누르기만 하면 어느 지점에서든 100% 동일한 맛의 요리가 완성되었습니다. 바로 "한번 작성하면 어디서든 실행된다"라는 JAVA의 위대한 철학이 완성된 순간입니다. 게다가 이 마법의 오븐에는 또 다른 비밀 기능이 있었습니다. 바로 '자동 정리 정돈 기능(Garvage Collection)'입니다. C++레시피처럼 주방 보조가 직접 조리대를 치우도록 내버려 두면 실수가 생길 수 있다는 것을 알았던 C 셰프는 요리가 끝나면 오븐이 알아서 사용한 그릇과 남은 재료를 깨끗하게 치워주는 기능을 넣었습니다. 덕분에 주방은 항상 청결하고 안정적인 상태를 유지할 수 있었습니다.

이러한 압도적인 안정성과 일관성 때문에 단 한번의 실패도 용납되지 않는 은행의 금융 시스템, 대기업의 전산망, 정부의 공공기관 시스템과 같은 중요한 요리에는 C 셰프의 Java 레시피가 절대적인 신뢰를 받게 되었습니다.

두 번째 셰프 :
실시간으로 소통하는 P 셰프의 방식

반면, P 셰프는 '유연한 소통'과 '빠른 실험'을 사랑했습니다. 그는 완벽한 계획보다 주방 보조와 함께 대화하며 즉석에서 최고의 맛을 찾아내는 과정을 즐겼습니다. 그는 주방에 들어서며 주방 보조(컴퓨터) 옆에 아주 똑똑한 '동시 통역사(인터프리터)'를 세웠습니다. 그에게는 미리 준비된 요리책이 없었습니다. 그는 머릿속에 떠오른 아이디어를 즉시 입 밖으로 꺼냈습니다.

"자, 먼저 파스타 면을 삶아볼까?" 그가 말하자마자 옆에 있던 동시 통역사가 그 말을 주방보조가 알아들을 수 있는 언어로 바로 통역해주었고, 주방 보조는 즉시 물을 끓이기 시작했습니다. 그 모습을 본 P 셰프는 다음 지시를 내렸습니다.

"음, 면이 익는 동안 마늘이랑 베이컨을 볶아줘." 동시 통역사는 이 말도 바로 통역했고, 주방 보조는 마늘을 볶기 시작했습니다. 그런데 P 셰프는 볶는 냄새를 맡는 순간 갑자기 아이디어가 떠올랐습니다. "잠깐! 거기에 김치를 좀 넣어보면 어떨까? 더 맛있을 것 같아!" 그는 계획에 없던 지시를 내렸고, 통역사는 즉시 이 말을 전달했습니다. 주방 보조는 하던 일을 멈추고 바로 김치를 볶기 시작했습니다. 이런 식으로 P 셰프는 주방 보조와 실시간으로 대화하고 결과를 바로바로 확인하며, 세상에 없던 '김치 파스타'를 성공적으로 만들어냈습니다. 완벽한 계획 없이도 아이디어를 현실로 만드는 데 걸린 시간은 매우 짧았습니다.

하지만 문제가 생겼습니다. 이 김치 파스타가 대박이 나서 하루에 100그릇을 팔아야 하게 된 것입니다. P 셰프와 동시 통역사는 100번의 요리를 하는 내내 주방 보조 옆에 붙어 서서, "면 삶아줘", "마늘 볶아줘…" 같은 말을 100번 반복해서 말하고 통역해야만 했습니다. 미리 완성된 요리책을 보고 착착 진행하던 C 셰프의 주방보다 전체적인 요리 속도는 당연히 느릴 수 밖에 없었습니다.

이것이 바로 Python, JavaScript와 같은 '인터프리터 언어'의 세상입니다. 개발자는 코드를 한 줄씩 바로바로 실행하고 결과를 확인할 수 있어, 개발 속도가 매우 빠르고 유연합니다. 아이디어를 빠르게 실험하고 프로토타입을 만드는 데 최적화되어 있지만, 실행 시점에는 매번 '통역'과정이 필요하기 때문에 컴파일 언어보다 실행 속도는 다소 느립니다.

Python은 P 셰프의 대표 방식입니다. 그의 주방에는 '세계 최대의 레고 블록 상자(라이브러리)'가 있습니다. 인공지능이 필요하면 'AI블록'을, 데이터 분석이 필요하면 '데이터 블록'을 가져와 끼우기만 하면 근사한 요리가 완성됩니다. 덕분에 그는 복잡한 기술을 처음부터 만들 필요 없이 창의적인 아이디어를 조합하는 데만 집중할 수 있었습니다.

이제 독자께서는 두 셰프의 이야기와 스타일을 모두 이해했습니다. 회의실에서 오가는 대화는 더 이상 외계어나 암호가 아닙니다.

"이번 신규 프로젝트는 파이썬으로 빠르게 시작합시다."라고 말하는 것은 "P 셰프 방식으로 일단 김치 파스타를 빨리 만들어서 손님들 반응부터 봅시다. 레시피는 나중에 완벽하게 만들어도 늦지 않아요."라고 말하는 것입니다.

"사용자가 많아지면 자바로 전환하는 것을 고려해야 합니다."라고 말하는 것은 "김치 파스타가 대박 났네요! 이제는 C 셰프의 방식으로 전 세계 어디서나 똑같은 맛을 내는 안정적인 프랜차이즈 시스템을 구축할 때입니다." 라고 말하는 것입니다.

'최고의 언어'란 없습니다. 오직 우리 레스토랑의 현재 상황에 가장 필요한 셰프가 있을 뿐입니다. 이 이야기를 통해 독자분께서는 기술에 대한 막연한 두려움을 넘어, 개발팀과 함께 더 나은 비즈니스 결정을 내리는 든든한 파트너가 되시기를 바랍니다.

기본 개념
정리

Basic Concept Summary

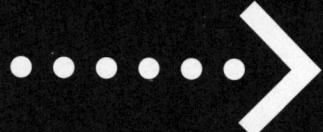

기본 개념
정리

개발 미팅을 할 때, '프론트엔드'와 '백엔드'라는 용어를 자주 들었을 것입니다. 이를 쉽게 이해하기 위해 집을 짓는 과정에 비유해 보겠습니다.

프론트엔드(Front End)

집의 디자인과 레이아웃을 담당하는 부분입니다. 벽, 창문, 문 등 사람들이 직접 보고 사용할 수 있는 요소와 같습니다. 내부 인테리어, 가구 배치, 장식 등도 포함됩니다. 즉 사용자가 눈으로 보고 조작하는 모든 UI(user interface:사용자 경험) 요소가 프론트엔드에 해당됩니다.

백엔드(Back End)

집의 기초, 배관, 전기 배선과 같은 역할을 합니다. 겉으로는 보이지 않지만, 집이 정상적으로 기능하기 위해 필수적으로 필요합니다. 백엔드는 데이터 저장, 요청 처리, 다른 시스템과의 상호 소통을 담당하며, 시스템의 핵심 로직을 구현하는 역할을 합니다.

즉, 프론트엔드는 사용자가 직접 보고 상호작용하는 부분이며, 백엔드는 시스템이 원활하게 작동하도록 지원하는 숨은 구조입니다. 좋은 집이 되기 위해서는 멋진 디자인뿐만 아니라 튼튼한 기반이 필수적이듯, 웹사이트나 애플리케이션 개발에서도 프론트엔드와 백엔드가 조화를 이루어야 합니다.

기술 선택이 중요한 이유도 여기에 있습니다. 다행히도 개발 속도를 높이고 유지보수를 용이하게 해주는 다양한 프레임워크가 존재합니다. 적절한 프레임워크를 선택하면 개발 과정이 더욱 효율적으로 진행될 수 있습니다.

프레임워크란 무엇인가?
그리고 가장 인기 있는 웹 개발 프레임워크는 무엇일까?

●

프레임워크는 웹 개발자가 일상적인 개발 작업을 단축할 수 있도록 도와주는 도구와 라이브러리의 집합입니다.(비슷한 개념으로 라이브러리가 있습니다. 프레임워크와 차이는 '자유도'에 있습니다.) 프레임워크는 규칙(뼈대) 안에서 개발자가 코드를 채워 넣는 방식인 반면, 라이브러리는 개발자가 필요할 때마다 자유롭게 가져다 쓸 수 있는 도구(부품)에 가깝습니다. 이 도구들은 페이지 표시, 사이버 공격에 대한 보안 강화, 출력형식 지정(레이아웃·텍스트 스타일, 이미지 배치 등), 사용자 인증, 기본 브라우저 설정, 라우팅 URL(사용자가 웹이나 앱의 원하는 페이지로 이동할 수 있도록 도와주는 기능) 등과 같은 공통 개발 작업을 지원합니다.

빠르게 변화하는 한국의 IT산업에서는 복잡한 시스템을 빠르게 개발할 수 있도록 프레임워크가 중요한 역할을 하지만, 너무 많은 종류의 프레임워크가 존재해 개발자들이 어떤 프레임워크를 선택해야 할지 혼란스러워하는 경우가 많습니다. 이 책에서는 모든 프레임 워크를 다루지는 않겠지만, 전 세계에서 널리 사용되는 일부 의뢰인 사이드(Client-Side: 서버와 통신하지 않고 사용자의 브라우저에서 응답하는 방식) 프론트엔드 프레임워크와 서버 사이드(Sever-Side: 서버에서 사용자의 요청을 모두 처리 및 생성하여 사용자에게 응답하는 방식) 백엔드 프레임 워크를 소개하겠습니다.

프론트엔드 프레임워크란?

●

프론트엔드 프레임워크는 다양한 요소를 디자인 및 개발하기 위한 규칙을 제공하는 HTML, CSS, JavaScript(JS)의 모음으로, 이러한 프레임워크는 반응형 웹 페이지를 구축할 수 있는 견고한 기초를 제공합니다.

- HTML은 웹페이지의 구조, 기본 뼈대입니다.
- CSS는 웹페이지의 디자인과 레이아웃을 담당합니다.
- JS는 웹페이지의 동작과 상호작용을 담당합니다.

Angular, Vue.js, JQuery, React.js와 같은 많은 오픈소스 JS라이브러리는 이러한 규칙을 개발할 때 유용합니다. 프레임워크를 사용하면 타이포그래피 불일치, 위치 지정 문제, 브라우저 호환성 문제를 해결할 수 있습니다. 이제 가장 인기 있는 프론트엔드 프레임워크들을 살펴보겠습니다.

Ⓐ Angular.js

Angular는 구글에서 개발했으며, 현재 구글, 마이크로소프트, 페이팔 등 많은 대기업에서 이 프레임워크를 사용하여 개발을 진행하고 있습니다.

처음에는 JavaScript로 개발되었지만, 후속 버전에서는 JavaScript의 상위 버전인 TypeScript를 사용합니다. Angular는 단일페이지애플리케이션(SPA-Single Page Application: 새로고침 없이 유저의 클릭만으로 페이지가 변경되는 것을 말한다.)과 의뢰인 사이드에 특화된 강력한 프레임워크입니다. 하지만 다른 프레임워크에 비해 크기가 큰 편이며, SEO에 친화적인 프레임워크는 아닙니다.

⚛ React.js

React는 프레임워크라기보다는 라이브러리입니다. 많은 사람들이

React를 프레임워크로 오해하지만 컴포넌트(Component)*를 통한 빠른 DOM 조작, JSX문법(리엑트에서 사용하는 자바스크립트 확장 문법) 덕분에 React를 배우고 적용하기 쉽습니다. Angular와 달리 React는 SEO에 친화적이어서 Instagram, FaceBook과 같은 많은 소셜 미디어 플랫폼에서 사용됩니다. 다만 React는 애플리케이션의 UI계층만 다루기 때문에 다른 기술들이 필요할 수 있습니다.

Vue.js

Vue.js는 매우 빠르게 성장하는 JS프레임워크 중 하나입니다. 이 프레임워크는 점진적인 접근 방식을 취하고 있어, 애플리케이션의 일부만 Vue.js로 개발하고 나머지 부분과 통합할 수 있습니다. 커모넌트 아키텍처 덕분에 프론트엔드 개발을 빠르고 쉽게 할 수 있습니다. 다만 커뮤니티와 플러그인 지원이 제한적이어서 대규모 시스템 개발 시 고려할 사항이 있을 수 있습니다.

NET

NET은 30개 이상의 언어를 포함하는 대형 소프트웨어 프레임워

---

* Component : 공통적으로 사용되는 하나 이상의 기능을 레고처럼 모듈화한 것을 의미한다.)기반 아키텍처, 가상 DOM(DOM-Document Object Model:DOM은 개발자가 HTML과 CSS 규칙을 개발했을 때, 그 개발 내용을 브라우저가 이해하고 웹페이지에 출력하기 위한 도면 같은 것을 말한다. 브라우저는 크롬과 같은 소프트웨어에서 웹페이지를 읽는 것을 말한다. 가상DOM은 RealDOM, ActualDOM 실제DOM 모두 같은 의미인데, 실제돔은 뿌리가 모두 연결된 것처럼 보여서 느리다. 가상DOM은 메모리에 DOM의 모양을 생성하고 변경사항이 있는지 실제DOM과 비교해서 변경된 부분을 적용해주는 방식이다. 간단한 예를 들면 실제DOM은 인테리어를 시뮬레이션으로 의뢰인에게 보여주지 않고 진행했다가 의뢰인이 마음에 안 든다고 해서 다시 다 뜯어 새로 인테리어 하는 것이고, 가상DOM은 의뢰인에게 시뮬레이션으로 보여주고 최종마음에 든다고 하는 것을 인테리어작업하는 방식이라고 생각하면 된다.

크입니다. 이 프레임워크는 프론트엔드와 백엔드 언어를 모두 포함하고 있어 다양한 애플리케이션을 개발하는데 사용됩니다. 특히 .NET은 은행과 같은 기관에서 보안성이 뛰어난 기업급 애플리케이션 개발에 주로 사용됩니다.

백엔드 프레임워크란?

•

백엔드 프레임워크는 서버 사이드 개발을 지원하는 도구로, 웹 애플리케이션의 뒤에서 처리되는 로직과 데이터 관리를 담당합니다. 프론트엔드 프레임워크가 사용자 인터페이스를 구축하는 데 도움을 주는 것처럼, 백엔드 프레임워크는 강력한 서버 사이드 애플리케이션을 구축할 수 있도록 도와줍니다. 백엔드 프레임워크는 Python, Ruby, Node.js, Java와 같은 언어로 작성된 라이브러리와 모듈로 구성됩니다. 이들은 라우팅, 데이터베이스와의 상호작용, 사용자 인증 관리 및 데이터 처리 등의 작업을 처리합니다. 이제 가장 인기 있는 백엔드 프레임워크들을 살펴보겠습니다.

Django

Django는 Python을 기반으로 한 고급 웹 프레임워크로 빠른 개발과 간결한 디자인을 지향합니다. Django는 웹 애플리케이션 개발에 필요한 모든 도구를 제공해 줍니다. Django의 기본 기능으로는

ORM(Object-Relational Mapping: 개발자가 작성한 객체(개발언어)를 데이터베이스가 이해하는 SQL로 바꾸고, 데이터베이스의 언어로 온 답변을 다시 객체 형태(개발언어)로 되돌려주는 역할을 하는 것입니다. 여기에는 강력한 인증 시스템, 관리자 인터페이스 등이 있습니다.

(express) Express.js

Express.js는 Node.js를 위한 미니멀한 프레임워크로, 경량화되고 유연성이 뛰어납니다. Express.js는 웹 애플리케이션과 API를 구축하는데 단순하고 직관적인 구조를 제공하며, 미들웨어 아키텍처를 통해 애플리케이션의 기능을 쉽게 확장할 수 있습니다. 여기서 아키텍처란, 서로 다른 애플리케이션이나 컴포넌트들이 원활하게 상호작용 할 수 있도록 돕는 통역사 역할을 하는 중간 계층 소프트웨어를 말합니다.

(RAILS) Ruby on Rails

Ruby on Rails는 Ruby언어로 작성된 웹 애플리케이션 프레임워크로 개발자가 애플리케이션의 MVC패턴* 부분만 정의하면 되므로 개발자의 생산성을 높이고 코드의 단순성을 유지할 수 있습니다. Rails는 확장 가능하고 유지보수하기 쉬운 애플리케이션을 만드는 데 적합합니다.

---

* MVC아키텍처: Model, View, Controller의 약자로 복잡한 코드를 체계적으로 나눠서 각자 역할을 부여하고 부여된 역할의 위치만 수정 및 개발하는 방식입니다. 게시판 개발을 예를 들면 Model은 게시판의 제목, 내용, 작성 날짜 등을 관리합니다. View는 게시판 목록 페이지나 게시판 내부 페이지가 될 수 있습니다. Controller는 사용자가 새로운 게시글 작성, 저장, 수정, 삭제 등의 요청을 처리하는 부분을 관리합니다.

🌱 Spring Boot

Spring Boot는 Java 기반 웹 애플리케이션을 구축하기 위한 프레임워크입니다. Spring Boot는 기본적인 설정을 제공하여 Spring 기반 애플리케이션을 쉽게 설정하고 구성할 수 있도록 도와줍니다. 이 프레임워크는 보안, 트랜잭션* 관리 및 의존성 주입**과 같은 엔터프라이즈 기능을 지원하는 강력한 생태계를 자랑합니다.

프레임워크가 너무 많은데, 어떻게 프레임워크를 선택할 수 있을까요?

•

프론테엔드 또는 백엔드 프레임워크를 선택할 때는 프로젝트의 목표와 개발팀의 선호도를 고려해야 합니다. 백엔드 프레임 워크를 선택할 때는 다음 사항을 고려해야 합니다.

개발할 시스템의 범위

프로젝트가 단순한 웹사이트인지 대규모 엔터프라이즈 시스템인

---

* 트랜잭션: 처음부터 끝까지 벌어지는 과정을 하나의 단위로 묶은 것을 말한다. 예를 들면 편의점에서 물건을 고르고 계산대로 가져가면 바코드를 인식하고 금액이 표시되면 계산하여 물건을 받는 것까지를 하나의 묶음으로 관리하는 것을 말한다.

** DI-Dependency Injection:의존성 주입은 객체가 직접 의존성을 생성하지 않고 외부에서 객체에 의존성을 제공하도록 하는 것을 말한다. 예를 들면 커피를 만들 때 직접 커피 원두와 물을 준비하고 커피머신에 넣을 것입니다. 이 것은 직접 의존성 설정이라고 합니다. 의존성 주입은 누군가가 미리 준비해준 커피 원두와 물을 커피머신에 넣는 것이 의존성 주입 입니다.

개발, 그렇게 하는게 아닌데?

지에 따라 적합한 프레임워크가 달라집니다.

확장성과 성능 요구 사항

높은 트래픽을 감당해야 하는 시스템이라면 성능과 확장성이 뛰어난 프레임워크를 선택해야 합니다.

팀의 기술 역량과 학습 가능성

현재 팀이 가진 역량에 따라 익숙한 프레임워크를 활용하는 것이 효율적일 수 있습니다. 만약 새로운 프레임 워크를 사용하게 된다면 팀이 빠르게 학습할 수 있는지도 고려해야 합니다.

지원 수준과 커뮤니티 활성화 정도

개발 과정에서 문제를 해결하기 위해 문서, 튜토리얼, 커뮤니티 지원이 잘 이루어지는 프레임워크를 선택하는 것이 중요합니다.

일반적으로, 사용될 프레임워크나 라이브러리는 소프트웨어 개발 생애 주기(SDLC)의 '탐색단계(Discovery Phase)'가 끝난 후 결정됩니다.

탐색단계(DisCovery Phase)? SDLC? 이 두 가지 용어가 생소할 수 있으나 소프트웨어 개발에 관련이 조금이라도 있다면 반드시 알아야 할 핵심 개념입니다.

SDLC(Software Development Life Cycle)란 무엇이고
왜 알아야 하는가?

●

이 책에서 맨 처음에 논의했던 건물 예시를 기억하시나요? SDLC를 이해하기 쉽게 건설 프로젝트와 같은 예를 들어보겠습니다.

보행자 통로를 만든다고 가정할 때,

1단계(요구사항 분석)

이해 관계자(StakeHolders)들과 만나 어떤 종류의 보행자 통로를 만들 것인지? 어디에 만들 것인지? 예산은 얼마인지? 예상 설치 일정은 언제인지?에 대해 파악합니다.

2단계(설계 및 계획)

1단계의 결정을 바탕으로 보행자 통로 디자이너와 보행자 통로엔지니어가 프로젝트 일정과 예상 비용을 제안합니다. 이때, 품질 관리 계획, 유지보수 계획, 리스크 관리, 법 규정 및 표준에 따라 결정합니다.

3단계(디자인 및 기술 검토)

보행자 통로 디자이너와 보행자 통로 엔지니어는 한 팀이 되어 협력합니다. 디자인과 엔지니어링이 결합되어 실현 가능한 설계를 완성합니다. 이때, 이 설계는 합의된 비용과 일정 내에서 목표를 충족해야 합니다.

4단계 (구현 및 단계별 품질검사)

이해 관계자(StakeHolders)의 설계 승인 후, 보행자 통로 엔지니어는 단계별로 건설을 시작하고, 품질 관리팀은 결함과 균열을 검사합니다. 이때, 이해관계자가 설계변경을 추가하거나 요청하면 2단계로 다시 돌아가야 합니다.

5단계 (최종 테스트 및 검증)

보행자 통로가 완성되면, 최종 하중 테스트를 수행하여 설계된 하중을 견딜 수 있는지 확인합니다. 또한, 문제가 없는지 점검한 후 최종 결과물을 이해관계자에게 인도합니다.

소프트웨어 개발도 동일한 과정으로 진행됩니다. 위에 설명한 전체 과정이 바로 SDLC(소프트웨어 개발 생명 주기)입니다. SDLC는 소프트웨어를 기획부터 배포 그리고 유지보수까지 체계적으로 개발하는 과정을 의미합니다.

보행자 통로를 만들 때 철저한 설계와 품질 검사가 필요하듯, 소프트웨어도 개발 단계별로 철저한 계획과 검증이 필요합니다.

SDLC를 이해하면, 소프트웨어 프로젝트를 더 효과적으로 관리하고, 예상치 못한 문제를 줄이며, 최종적으로 높은 품질의 제품을 제공할 수 있습니다.

SDLC는 기본적으로 6단계로 구성됩니다.

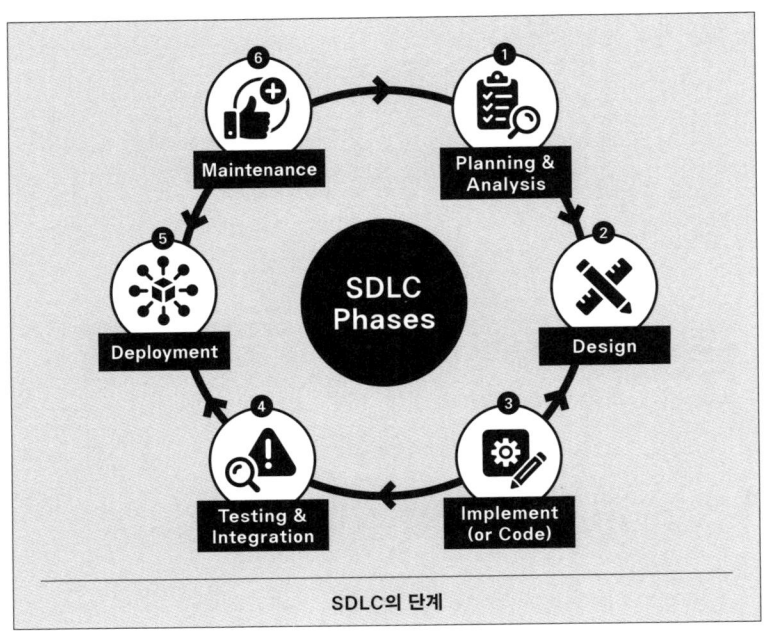

SDLC의 단계

기획(Planning) ➡ 설계(Design) ➡ 개발(Implement) ➡ 테스트 및 통합
(Testing & Integration) ➡ 배포(Deployment) ➡ 유지보수(Maintenance)

이제 두 가지 사례로 SDLC를 설명하겠습니다.

시나리오 1 : 새로운 소프트웨어 시스템 개발

모든 새로운 시스템 개발은 의뢰인이 가지고 있는 아이디어에서
시작됩니다. 머릿속에서는 아이디어에 대해 완벽한 이미지가 떠오르
지만, 문제는 이 아이디어를 개발팀이나 외주 업체에 정확히 전달하
는 데에 있습니다. 이때, 여러분(의뢰인)은 개발팀이나 외주업체에게 이

개발, 그렇게 하는게 아닌데?

렇게 말할 것입니다.

"내비게이션 앱을 만들고 싶어요. 만들어 주세요!" 그리고 일정과 비용 견적을 요청하겠죠. 믿기 어려우시겠지만, 실제로 많은 기업이 이렇게 포괄적으로 개발을 요청 합니다. 하지만 이렇게 단순한 요청만으로 개발팀이나 외주업체에서 여러분(의뢰인)이 정확히 원하는 기능을 이해할 수 있을까요? 솔직히 말하면, 아직 인간은 텔레파시를 사용할 수 없기 때문에 불가능합니다. 그래서, 여기서 '탐색 단계(Discovery Phase)'가 필요합니다.

- 1단계(탐색단계(DisCovery Phase)) – 요구사항 정리

이 단계에서는 여러 차례의 미팅을 통해 제품의 세부 요구사항을 명확히 정리합니다. 이 과정에서 나오는 문서가 바로 백로그(Backlog) 또는 소프트웨어 요구사항 문서(Software Requirement Sheet)입니다. 이 문서에 대한 자세한 설명은 다른 챕터에서 다룰 예정입니다.

백로그(Backlog)에는 사용자 스토리(User Stories)라는 개념이 포함됩니다. 즉, 사용자가 시스템에서 수행할 수 있는 작업을 하나씩 정리하는 것입니다. 이 문서가 완성되면, 개발팀 또는 외주업체는 보다 정확한 일정과 비용 견적을 제공할 수 있습니다.

- 2단계(기획(Planning)) – 개발준비

프로젝트 팀이 모여 기획 회의를 진행합니다. 주요 논의 내용은 아래와 같습니다.

❶ 시스템 아키텍처(Architecture) 설계

❷ 기술 스택(Technology Stack) 선정

❸ 프로젝트 관리 방식(스프린트, 칸반, 워터폴 등)

❹ 출시 계획(Release Plan)

❺ 품질 보증(QA) 계획

이 기획 단계가 완료되면 프로젝트 킥오프 미팅을 열고 본격적인 개발을 시작합니다.

- 3단계(개발(Implement)) – 본격적인 소프트웨어 개발

이제 실제 코딩이 시작됩니다. SDLC에서는 일반적으로 단계별 개발을 진행합니다.

❶ 반복적 출시(Iterative Release) – 제품을 점진적으로 개발하여 기능별로 배포하는 방식

❷ 단일 배포(Final Release Only) – 최종버전이 완성될 때까지 기다렸다가 한 번에 배포

이 중 어느 방식을 선택하든, 개발 단계에서는 각 기능을 구현하면서도 주기적으로 테스트와 검토를 병행해야 합니다.

- 4단계(테스트(Testing & Integration)) – 품질 점검

소프트웨어가 예상한 대로 작동하는지 QA(품질 보증)팀이 점검합니다. QA테스트 과정은 아래와 같습니다.

❶ 개발된 기능들이 정상 작동하는지 확인

❷ 버그(오류) 발견시 개발팀에 피드백 전달

❸ 버그 수정 후 다시 테스트 진행

이 과정을 반복한 후, 제품과 서비스가 사용자 테스트(User Acceptance Test,UAT)를 거쳐야 합니다. 즉, 실제 사용자(의뢰인)이 되어 기능을 테스트하고 피드백을 제공하는 단계입니다.

• 5단계(배포(Deployment)) – 사용자에게 공개

드디어 소프트웨어를 사용자에게 배포합니다. 하지만 배포 과정에서도 예상치 못한 문제가 발생할 수 있습니다. 배포중에 발생할 수 있는 문제는 아래와 같습니다.

❶ 서버 과부하

❷ 예상하지 못한 버그

❸ 특정 환경에서의 비정상적인 동작

배포 후에도 지속적인 모니터링을 통해 긴급 패치(Emergency Patch)나 핫픽스(Hotfix)가 필요할 수 있습니다.

• 6단계(유지보수(Maintenance)) – 지속적인 관리

소프트웨어는 한 번 개발했다고 끝이 아닙니다. 기술은 빠르게 발전하며, 운영중 새로운 문제가 발생할 수도 있습니다. 그래서 유지보수는 선택이 아닌 필수입니다. 유지보수 내용은 아래와 같습니다.

❶ 보안 패치 및 업데이트

❷ 새로운 기능 추가

❸ 버그 수정 및 성능 최적화

많은 기업들이 일정 기간 후 유지보수 계약을 체결합니다. 이 과정에서 라이브러리와 프레임워크를 최신 버전으로 유지하는 작업도 포함됩니다.

그런데, 한국에서는 아직도 레거시 시스템을 사용한다고?

예를 들어, 한국에서는 아직도 Cordova 같은 오래된 기술을 사용하는 기업들이 있습니다. 그렇다면, 신기술이 아닌 오래된 기술인데 유지보수가 필요 없을까요?

절대 그렇지 않습니다!

기술이 오래될수록 보안 취약점과 성능 저하 문제가 생길 가능성이 높습니다. 따라서 꾸준한 유지보수와 업그레이드가 필요합니다.

이제 SDLC의 전체 흐름을 이해하셨을 것입니다. 새로운 소프트웨어 개발 시에는 SDLC 6단계가 필수이며, 제품 출시 후에도 지속적인 유지보수가 필요합니다. 그리고 새로운 기능을 추가할 때도 같은 SDLC사이클을 반복하게 됩니다.

시나리오 2 : 기존 시스템에 새로운 기능 추가 또는 업그레이드

이 경우는 다소 까다롭습니다. 때때로 이러한 프로젝트는 '디지털 전환(Digital TransFormation)' 프로젝트라고 불리기도 합니다. 저자가 경험

개발, 그렇게 하는게 아닌데?

한 바로는 대부분의 의뢰인 문의는 이렇게 시작됩니다.

"이미 Python + Java로 개발된 시스템이 있는데, 새로운 기능을 추가하고 싶어요. 견적과 개발 기간을 알려주세요."

이때, 개발팀이나 외주업체가 기존 소프트웨어의 구조나 코드 품질을 평가하지 않고 견적을 제출한다면 어떤 일이 벌어질까요? 운이 좋다면 큰 문제가 없겠지만, 대부분의 경우 최악의 시나리오가 발생하게 됩니다.

최악의 시나리오 – 엉망진창 개발

- 최악의 시나리오 1단계
- 코드가 스파게티 코드(Spiral Code)로 뒤엉켜 있어 유지보수가 어려운 경우
- 최악의 시나리오 2단계
- 사용된 라이브러리들이 더 이상 지원되지 않는 구식기술 (Deprecated Libraries)인 경우
- 최악의 시나리오 3단계
- 기존 개발팀이 남긴 문서가 없거나 부족하여 비즈니스 로직을 파악하기 어려운 경우

이런 상황에서 프로젝트가 원활하게 진행될 수 있을까요? 계약을 따서 내부에서 일을 진행하고 있지만, 결국 일정은 지연되고 예산도 초과되고 담당자가 퇴사할 가능성이 큽니다.

• 해결방법

탐색(Discovery)단계를 거쳐야 합니다.

기존 시스템의 상태를 면밀히 분석한 후 개발 견적을 제공해야 합니다. 만약 이전 개발팀이 백로그(Backlog), 아키텍처 다이어그램 등을 제공할 수 있다면, 탐색 과정이 훨씬 수월해집니다. 탐색이 끝난 후 모든 이해관계자(Stakeholders)가 기능 범위(Scope), 비용, 개발 일정에 합의해야 합니다.

이 경우에도 SDLC의 6단계(기획 ➡ 설계 ➡ 개발 ➡ 테스트 ➡ 배포 ➡ 유지보수)가 적용됩니다. 하지만 중요한 포인트는 "기존 시스템이라고 해서 탐색 단계를 건너뛸 수 없다"는 점입니다.

• 잘못된 생각

이미 존재하는 시스템이니까 바로 개발을 시작해도 된다!

• 현실

기존 시스템을 분석하지 않으면 새로운 기능을 추가할 수 없다!

새로운 개발자가 기존 시스템의 비즈니스 로직을 한눈에 이해할 것이라 기대하는 것은 비현실적입니다. 따라서 디지털 전환 프로젝트도 철저한 분석과 계획이 필요합니다. 이 부분에 대해 햄버거를 통해 이해를 돕고자 합니다. 왜냐하면 전 세계 대부분의 사람들은 평생에 한번 이상 버거를 먹었을 것이라 확신하기 때문입니다.

개발, 그렇게 하는게 아닌데?

햄버거와 소프트웨어 개발의 공통점?

•

햄버거를 만들 때 가장 기본적인 구성 요소는 빵(번) 두 개와 패티입니다. 우리는 햄버거의 구조를 빵(기본적인 시스템 구조), 패티(핵심기능), 추가토핑(새로운 기능 추가)라고 가정하겠습니다. 새로운 토핑(새로운 기능 추가)을 추가 하려면 기존 햄버거의 구조를 먼저 이해해야 합니다. 안 그러면 추가되는 토핑이 기존 햄버거의 맛을 변질시켜 의뢰인에게 맛 없는 햄버거(개발 실패)를 제공하기 때문입니다. 즉, 기존 시스템을 분석하지 않고 새 기능을 추가하는 것은 불가능합니다.

예시는 여기까지 하겠습니다. 이 책을 읽으며 "다른 시나리오도 있을 것 같은데?"라고 생각하실 수도 있습니다. 물론, 현실에서는 다양한 경우의 수가 존재합니다. 하지만, 이 책은 소프트웨어 공학 이론서가 아닙니다! 너무 많은 개념을 설명하면, 결국 읽지 않고 책장에 먼지만 쌓일 것입니다. 따라서, 기본적인 SDLC개념을 이해하는 데 필요한 핵심 내용만 담기로 하겠습니다. 이제부터는 SDLC의 각 단계 별로 하나씩 깊이 있게 다뤄볼 것입니다.

탐색(Discovery) & 백로그(BackLog)

•

모든 엔지니어링 프로젝트(전세계)는 목표와 요구사항에서 시작됩니다. 예를들어, 집을 짓고 싶은 사람이 건설회사에 찾아가서 이렇게 말한다고 가정해 봅시다.

"집을 짓고 싶어요!"

하지만 여기에는 큰 오해가 있습니다. 많은 사람들이 이 한마디만으로 건설 회사가 견적과 완공일정을 정확히 계산할 수 있을 것이라 기대합니다. 하지만 정말 그렇게 할 수 있을까요? 아마 건설 회사에서는 반문을 할 것입니다.

- 집을 나무로 지을 건가요? 벽돌로 지을 계획인가요?

- 바닥은 대리석 타일을 사용할 것인가요?

- 몇 층짜리 건물을 원하시나요?

집을 짓기 위해서는 이런 세부적인 요구사항이 필수입니다. 아직까지 인간의 생각을 읽을 수 있는 기술(Neuralinkk 같은)이 완벽하게 구현되지 않은 이상, 건설 회사가 의뢰인의 머릿속에 있는 집을 그대로 구현할 수는 없습니다. 따라서, 건설사는 상세 요구사항을 파악한 후에야 소요 시간과 비용을 산출할 수 있습니다. 그리고 예상치 못한 변수를 고려해 안전 마진(Safety Buffer)도 포함해야 합니다.

소프트웨어 개발도 마찬가지입니다. 그러나 한국에서는 이 원칙이 잘 지켜지지 않는 경우가 많습니다. 뉴놉이 한국에서 약 80개의 하드웨어&소프트웨어&AI 프로젝트를 개발하며 경험한 바에 따르면, 대부분의 의뢰인이 다음과 같은 비현실적인 요구사항을 제시합니다.

❶ 방대한 요구사항

❷ 짧은 마감 기한

❸ 낮은 예산

❹ 최고의 품질

이 네 가지를 동시에 충족시키는 것은 마치 전설의 유니콘을 찾는 것과 같습니다. 어떤 프로젝트를 진행하든지 모든 요소를 완벽하게 충족할 수는 없습니다. 이것이 바로 프로젝트 관리에서 말하는 "트리플 제약(Triple Constraints)"입니다. 트리플 제약에 대해서는 다음에 더 자세히 설명하겠습니다!

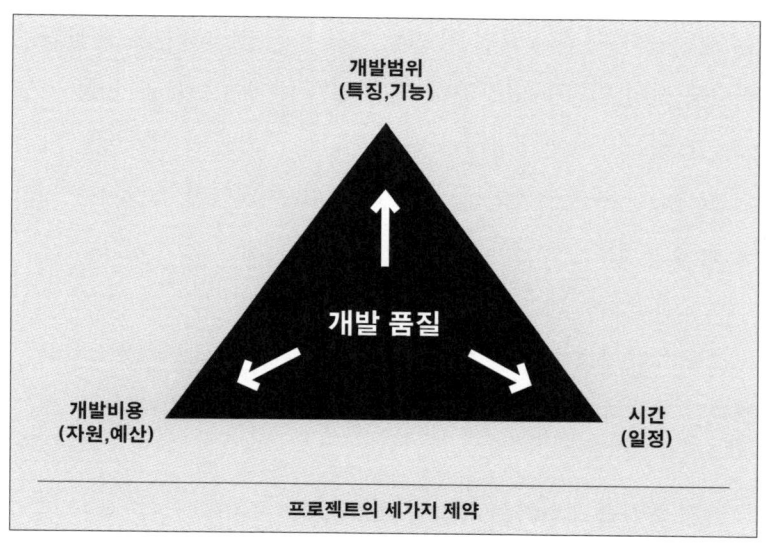

개발범위
(특징,기능)

개발 품질

개발비용 **시간**
(자원,예산) **(일정)**

프로젝트의 세가지 제약

결론적으로 소프트웨어 개발은 건설 프로젝트와 마찬가지로, 상세한 요구사항이 필요합니다. 그리고 요구사항이 명확하지 않다면, 견적과 일정이 정확할 수 없습니다. 또 탐색(Discovery)단계를 거치지 않으면 프로젝트 실패 확률이 높아집니다. 따라서, 백로그(Backlog)정리와 요구사항 관리는 소프트웨어 개발에서 필수적인 과정입니다. 그럼 어떻게 요구사항을 정리하고 관리해야 하는지 알아보겠습니다.

먼저, 트리플 제약을 살펴보면, 이 개념은 세 개의 요소(개발 범위, 개발 비용, 일정)가 연결된 삼각형과 같습니다. 즉, 한 요소가 변하면 나머지 두 요소도 영향을 받게 됩니다.

예를 들어, 예산이 고정되어 있다면 그 예산 내에서 고용할 수 있는 개발자의 수준과 작업 가능한 기간이 결정됩니다. 또 개발자의 역량과 작업 기간을 고려하면, 해당 기간 내에 구현할 수 있는 기능(범위)도 자동으로 결정됩니다. 하지만 많은 사람들이 간과하는 사실이 있습니다. 소프트웨어는 사람이 코딩하는 것이며, 개발자는 기적을 만들 수 없다는 사실입니다.

코드에 품질이라는 개념이 존재할까요?

소프트웨어는 사람이 만듭니다. 사람이 만들다보면 품질이라는 개념이 발생하게 됩니다. 코드 품질에도 기준이 존재합니다.

코프 품질을 결정하는 다양한 요소

• Separation of Concerns(관심사의 분리)

– 코드가 기능별로 잘 나누어져 있는가?

• Modularity(모듈화)

– 코드가 재사용 가능하도록 잘 설계되었는가?

• Cyclomatic Complexity(순환 복잡도)

- 코드의 복잡성이 적절한 수준인가?
• Code Smell(코드스멜)
- 유지보수하기 어려운 코드가 포함되어 있는가?
• Cohesion(응집도)
- 관련된 기능이 함께 묶여 있는가?

코드 품질은 개발자의 경험, 교육 수준, 그리고 프로젝트에 주어진 시간에 따라 달라집니다. 결국, 코드 품질이나 최종 제품의 품질은 예산, 일정, 개발 범위의 영향을 받습니다.

삼중 제약에 대해 실제 사례를 더 이야기해 보겠습니다. 많은 의뢰인들이 개발자를 더 많이 투입하면 투입한 인원만큼 개발 속도가 빨라질 것이라고 생각합니다. 하지만 여러 연구 결과에 따르면, 팀 규모가 커진다고 해서 반드시 생산성이 증가하는 것은 아닙니다.

- 이상적인 개발팀 규모는 5~7명으로 알려져 있습니다.
- 인력을 무작정 늘리면 오히려 커뮤니케이션 비용이 증가합니다.
- 새로 합류한 개발자에게 기존 코드와 업무를 이해시키는 온보딩 비용이 추가로 발생합니다.
- 개발 범위와 품질 기준이 높을수록, 개발자들은 유닛 테스트, 성능 테스트, 통합 테스트 등의 작업을 수행해야 하므로 일정이 자동으로 길어질 수 밖에 없습니다.

한국 IT업계의 빨리빨리 문화와 비현실적인 기대

•

한국에서는 "빨리빨리"문화가 뿌리 깊게 자리 잡고 있습니다. 게다가, 의뢰인은 구체적으로 요구사항을 설명하지 않아도 개발자 또는 개발 외주 회사가 전문가이기 때문에 당연히 이해할 것이라고 기대하는 경우가 많습니다.

실사례

어느 날, 한 의뢰인께서 샵인샵(Shop in Shop)플랫폼을 만들고 싶다고 요청했습니다. 그 의뢰인의 요구사항은 아래와 같았습니다.

- UX디자인부터 개발까지 2개월 이내 완료
- 일정 지연 절대 불가
- 버그 없이 완벽한 제품 요구
- 최저 비용으로 진행

그리고 "4~5년 차 풀스택 개발자 2명이면 충분하지 않나요?"라며 구체적인 예산까지 제시했습니다. 즉, 개발자 2명의 월급 = 약 800만 원, 예상 개발 기간 4개월, 총 예산 4,000만 원 식으로 말입니다.

여기서 문제점을 정리해보겠습니다.

❶ 개발자는 UXUI전문가도 아니고 기획자도 아니기 때문에 완성도 높은 디자인을 기대하기 어렵습니다.

❷ 시스템을 제대로 설계할 시간이 부족하면 스파게티 코드(Spiral Code)가 발생할 가능성이 큽니다.

❸ 개발자가 직접 JIRA 리포트(프로젝트 관리 툴), 파워포인트 문서, 테스트 보고서 등을 작성할 여유가 없습니다.

❹ QA 엔지니어, PM 프로젝트 매니저, BA 비즈니스 애널리스트가 따로 없으면 프로젝트 관리가 비효율적일 수 있습니다.

모든 프로젝트에 QA, PM, BA팀이 반드시 필요한 것은 아닙니다. 하지만 예산에 맞춰 기대치를 조정할 필요가 있습니다. 이렇게 하면 개발 과정이 원활하게 진행되며, 최정적으로 만족도가 높은 결과물이 나올 확률이 높아집니다.

백로그(BackLog)란 무엇인가?

●

소프트웨어 개발을 시작하기 전에 요구사항 수집(Requirement Gathering)단계를 거쳐야 합니다. 이 과정에서 비즈니스 애널리스트(BA)가 백로그를 작성합니다.

백로그는 모든 이해관계자가 이해할 수 있는 형태로 정리된 요구사항 목록입니다. 백로그에는 사용자 스토리(User Stories)와 사용자 여정(User Journeys)도 포함됩니다. 백로그가 중요한 이유에 대해서 예시를 들어보겠습니다.

의뢰인 요구사항 : "사용자가 결제를 할 수 있어야 합니다."

#	Requirement type	JIRA ID	User story ID	User Story	Persona	UX screen #	Priority	
1	Functional	PK1	US 01	As a Mobile user, I want to find KyoSync service platform easily through my mobile, so that I proceed with my ordering and booking activities.	Mobile user	Refer UX	P1	S
2	Functional	PK2	US 02	As a Mobile user, I want to login to KyoSync service platform easily through user authentication process, so that I can proceed with my ordering & booking activities easily without any unwanted inconvinience.	Mobile user	Refer UX	P1	
3	Functional	PK3	US 03	As a Mobile user, I want to login to KyoSync service platform easily through face recognition process, so that I can proceed with my ordering & booking activities easily without any unwanted inconveniences.	Mobile user	Refer UX	P1	
4	Functional	PK4	US 04	As a Kiosk user, I want to login to KyoSync service platform easily through Kiosk tab, so that I can proceed with my ordering activities easily without any unwanted inconveniences.	Mobile user	Refer UX	P1	

• 뉴놉 백로그 발췌 백로그 내용

...ent	Category	Sub-category	User Goal	Notes
	Application	z	Application start up of Mobile user	1. Application logo should be displayed upon opening the application.
	Sign In	Sign-up - user authentication	Application main page sign via user authentication with OTP	1. Upon click the application logo login UI should be displayed with below attributes and options. i. Email ID / mobile # ii. Password iii. Remember me option - with a tick box iv. Forget password - displayed in parallel line as of "remember me" v. "Login" option - centered button post # iv vi. display of option "or login with" with indication of social media options vii. display the option of "New to KyoSync? Signup", where "signup" to be a hyper linked. 2. application logo to be displayed before #1. 3. Post sign-in it should direct to main page.
	Sign In	Sign - In - face recognition	Application main page sign-in purpose via face recognition	1. Upon click on sign in an option should appear to scan the face of user. 2. Post scan completion it should direct to main page of KyoSync application.

	On-boarding	Registration	Join membership	1. Upon click the "Sign-In" option following UI should be displayed with below attributes and options.
				i. Full name
				ii. Email
				  - an option "verify email" should appear bottom right of "Email"
				  - upon click a number box should appear for OPT
				  - an option with "resend OTP" should also appear with timer
				iii. Mobile number
				  - an option "verify mobile number" should appear bottom right of "mobile number"
				  - upon click a number box should appear for OPT
				  - an option with "resend OTP" should also appear with timer
				iv. Password
				v. Confirm password
				2. Login options via social media platforms should also be displayed in bottom of UI with header "Or connect with".
				3. A UI to appear post #2 for "privacy & terms" confirmation
				i. A button to appear to "Agree"
				ii. An option to appear "read the provacy and terms"
				4. Terms and condition agreement for "camera and location" track should appear #3 with options;
				i. Only while using the application
				ii. Always allow
				iii. Don't allow
				5. Post #4, face recognition picture identity capture should appear;
				i. A button to appear as "continue"
				ii. Set up later option
				6. UI for face capturing grid should appear post #5 with options;
				i. poistioning the face
				ii. correct face positioning

개발 옵션 1

– 외부 결제 게이트 웨이 API를 연동한다.

– 보안 관련 처리는 외부 결제 API가 처리한다.

– 개발 공수가 상대적으로 적다.

개발 옵션 2

– 앱 내 결제(In-APP Purchase)기능을 직접 구현한다.

– 보안 및 거래 안정성을 직접 관리해야 한다.

– 추가적인 개발 시간이 필요하다.

의뢰인 요구사항의 결과로만 보면 최종 목표는 동일합니다. 하지만 선택하는 옵션에 따라 보안, 개발 일정, 필요한 개발자의 경험 수준이 달라집니다. 이러한 차이를 미리 파악하지 않으면 잘못된 일정과 비용 견적이 산출될 위험이 있습니다.

이것이 바로 백로그나 소프트웨어 요구사항 문서(Software Requirement Sheet)가 필수적인 이유입니다. 자, 그럼 백로그의 구성요소와 중요성에 대해서 확인해보시죠.

앞 페이지의 백로그 그림을 살펴보면 여러 개의 열(Columns)이 포함되어 있음을 알 수 있습니다. 각 항목이 무엇을 의미하는지, 그리고 왜 필요한지 간단히 설명해보겠습니다.

요구사항 유형(Requirement Type)

개발, 그렇게 하는게 아닌데?

- 요구사항은 기능적 요구사항과 비기능적 요구사항으로 나뉩니다.
- 기능적 요구사항은 사용자가 원하는 특정 기능(예: 로그인, 결제 기능)입니다.
- 비기능적 요구사항 : 시스템의 확장성, 보안 등 아키텍처적 특성입니다.

프로젝트 관리 협업툴 ID(JIRA ID)

- 프로젝트 관리 도구(JIRA, ClickUp 등)에서 사용되는 사용자 스토리 ID를 기록합니다.
- PM도구를 활용하면 프로젝트 진행 상황을 쉽게 추적하고 보고할 수 있습니다.

사용자 스토리(User Story)

- 요구사항을 세분화 한 항목으로 개발자가 보다 쉽게 이해할 수 있도록 작성됩니다.
- 하나의 기능을 개발하려면 수십 개의 작은 기능들이 모여야 합니다.
- 개발 담당자, 디자이너, 프로젝트 관리자, 기획담당자 등 모든 팀원이 의뢰인 요구사항을 이해하고 일정을 예측할 때 활용됩니다.

사용자 유형(Persona)

- 시스템을 사용하는 다양한 사용자 유형을 정의합니다. (예)관리자,

일반 사용자, 슈퍼 관리자 등)

- 이를 통해 데이터베이스 설계 및 사용자 간 권한 관계를 정리할
  수 있습니다.

우선순위(Priority)

- 어떤 기능이 테스트 가능한 MVP(Minimum Vible Product, 최소 기능 제
  품)를 출시하는 데 필수적인지를 결정합니다.
- 우선순위를 명확히 하면 개발 순서를 효과적으로 정할 수 있습
  니다.

사용자 목표(User Goal)

- 사용자가 시스템을 통해 기능별로 달성하려는 최종 목표를 정
  의합니다. 예를 들면, 사용자가 로그인 후 프로필을 업데이트 할
  수 있어야 한다, 또는 사용자가 프로필 사진을 변경할 수 있어야
  한다, 등등입니다.

메모 및 질문(Notes/Questions)

- 요구사항 미팅 중에 나온 추가 정보나 논의해야 할 질문을 기록
  하는 공간입니다. 각 팀에서 궁금한 사항이 생길 경우, 이를 기
  록하고 해결 과정을 추적할 수 있습니다.

지금까지 백로그 문서의 구성에 대해서 알아보았습니다. 한국에

개발, 그렇게 하는게 아닌데?

서는 백로그라는 단어가 잘 사용되지 않아 생소할 수 있습니다. 그래서 플로우 차트(Flow Chart)와 백로그의 관계에 대해서 설명을 드리겠습니다.

백로그는 기획자와 의뢰인이 함께 만든 플로우 차트를 기반으로 작성될 수 있습니다. 하지만 플로우 차트는 사용자의 흐름을 개괄적으로 보여주는 역할을 하므로, 세부 기능까지 모두 포함하기는 어렵습니다. 특히 대규모 시스템(LMS, SaaS, CRM, ERP 등)은 모든 기능을 플로우 차트에 담는 것이 비현실적입니다. 플로우 차트는 전반적인 사용자 여정(User Journey)를 시각화하는 용도로 활용하는 것이 적절합니다. 백로그는 플로우 차트를 기반으로 개발자와 디자이너, 품질관리 담당자, 프로젝트 매니저가 모두 이해할 수 있도록 만들어야 합니다.

"기획을 하고 플로우 차트를 만드는데 백로그가 필요할까요?" 또는 "백로그 문서를 만들려면 시간과 비용이 들지 않나요?"라는 질문을 할 수 있다고 생각합니다. 거기에 대한 답변은, '백로그는 장기적인 성공을 위한 필수 투자'라는 것입니다.

> **"백로그 없이 개발을 진행하면 어떤 문제가 발생할까요?"**

- 아이디어가 문서화 되지 않으면, 오직 의뢰인님만 정확한 비즈니스 요구사항을 알게 될 것입니다.
- 개발자가 퇴사하면? 새로운 개발자는 아무런 맥락 없이 코드를 해석해야 합니다.

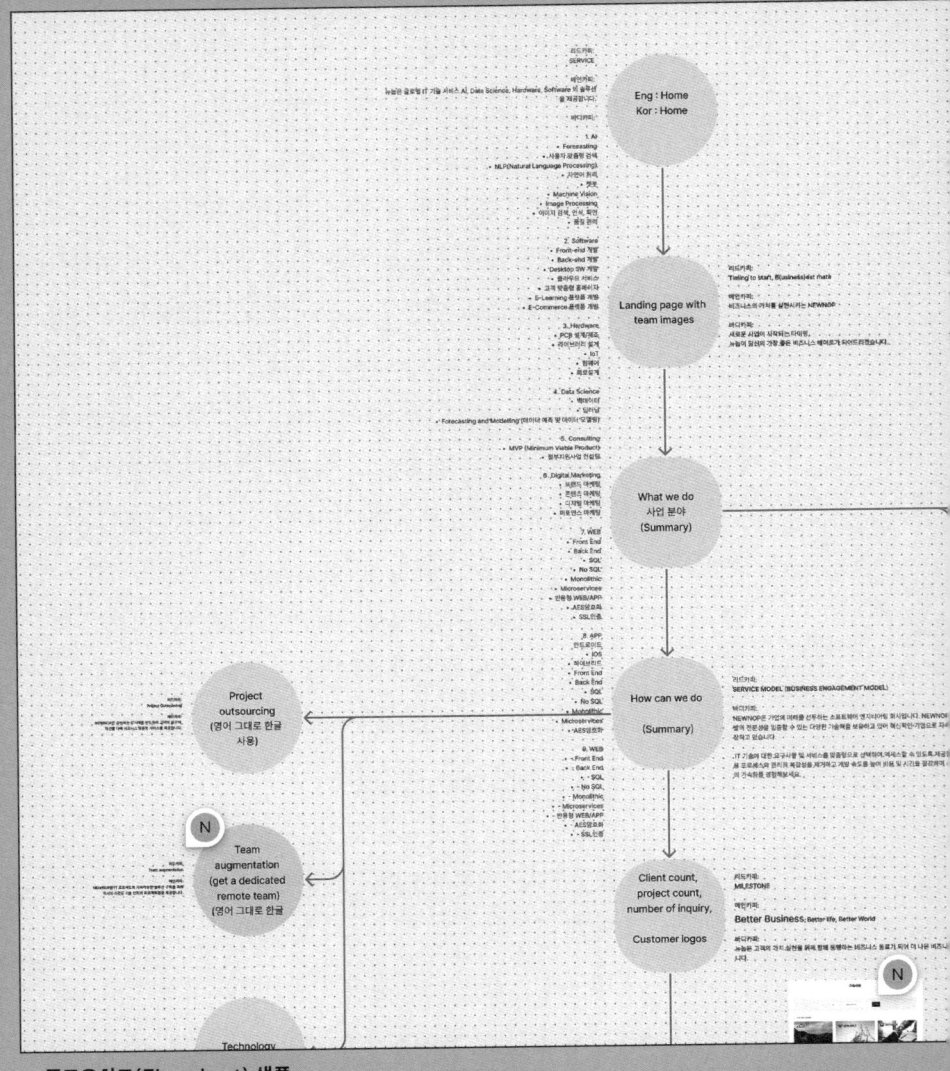

• 플로우차트(Flowchart) 샘플

개발, 그렇게 하는게 아닌데?

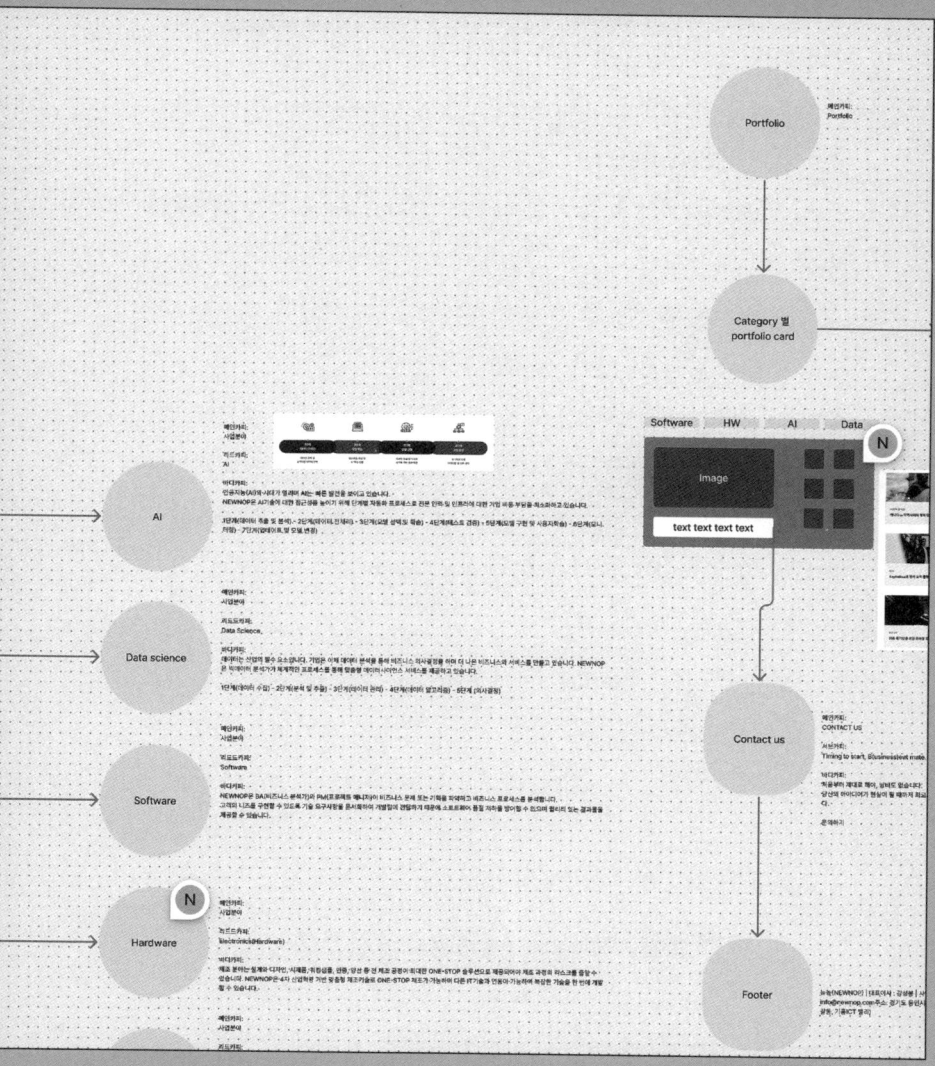

- 매번 미팅이나 채팅으로 요구사항을 전달해야 합니다.
- 우선순위 없이 개발을 진행하면, 모듈화(Modularization)된 시스템을 만들기 어려워집니다.
- 나중에 새로운 기능을 추가할 때, 의존성(Dependencies)을 파악하기 어려워집니다.
- 다른 개발자가 투입될 때 코드 전체를 다시 분석해야 하므로 비용과 시간이 훨씬 더 많이 소요됩니다.
- 대부분의 기획자는 디자인과 개발을 잘 알지 못하기 때문에 백로그가 없다면 기획자와 의뢰인이 생각한 결과물과 각 담당자가 생각한 결과물이 다르게 만들어 질 수 있습니다. 결국 의뢰인이 원치 않는 개발 결과물이 발생할 수 있습니다.

백로그는 초반에 시간을 들여서라도 제대로 정리해야 합니다. 백로그가 정리되면 각 담당자들이 본격적인 설계와 개발을 시작할 수 있습니다.

변경 요청(Change Requests)의 중요성

•

소프트웨어 개발은 '애자일(Agile)개발 방식'을 채택하는 경우가 많습니다. 즉, 변경(Change)이 필연적이라는 점을 이해해야 합니다. 기능 변경 요청은 프로젝트가 발전하는 자연스러운 과정입니다. 하지만 기능 변경은 일정과 비용의 변화를 초래한다는 사실도 인식해야 합니다.

의뢰인이 꼭 이해해야 할 중요한 점

백로그 기반으로 디자인 및 개발 일정과 비용이 책정되었다면, 프로젝트가 진행된 후 크게 변경되는 사항(사용자 여정 변경, 주요 기능 수정 등)은 추가 논의가 필요합니다. 변경사항이 발생하면 개발팀과 논의 후 변경 요청을 공식적으로 진행해야 합니다. 이는 앞서 말한 트리플 제약에 해당되는 내용입니다.

이제 백로그의 기본 개념을 명확히 이해 하셨을 것이라 생각합니다. 팀의 책임(Accountability)을 명확히 하기 위해 필요한 것이 '요구사항 명확성 지수'(RCI: Requirement Clarity Index)입니다. RCI는 요구사항이 얼마나 명확하게 이해되었는지를 수치로 표현하는 것입니다. RCI 점수 부여 기준은 1~5점 사이입니다. 1점은 "요구사항이 매우 불명확하니 다시 확인해주세요."라는 뜻이고, 5점은 "요구사항이 완벽히 이해됩니다."라는 뜻입니다. RCI점수 활용 방법은 RCI가 3점 이상이면 개발을 시작할 수 있고, 3점 미만이면 반드시 비즈니스 애널리스트나 기획자 또는 의뢰인에게 추가 설명을 요청해야 합니다. 이 기준을 적용하면 나중에 개발이 진행된 후 "요구사항이 명확하지 않았다"와 같은 불필요한 논쟁을 방지할 수 있습니다.

왜 RCI가 중요할까?

•

백로그는 의뢰인의 아이디어를 문서화한 것입니다. 하지만 아이디어를 문서화한다고 해서 모든 사람이 같은 방식으로 이해하는 것은 아닙니다. 세상에 완벽한 것은 없기 때문에 백로그에도 허점은 있습니다.

예상되는 문제점은 아래와 같습니다.

❶ 개발팀이 요구사항을 잘못 해석하면, 결과물이 기대와 다르게 나올 수 있습니다.

❷ 아웃소싱 개발사의 비즈니스 애널리스트가 요구사항을 정확하게 이해하지 못하면 이후 개발 방향이 어긋날 가능성이 커집니다.

❸ 디자인 리더가 요구사항을 제대로 이해하지 못하면, 디자인이 잘못될 수 있습니다.

❹ 개발팀의 테크 리드가 이해하지 못하면 시스템이 잘못 설계될 수 있습니다.

❺ QA팀이 요구사항을 제대로 이해하지 못하면 테스트가 잘못될 수도 있습니다.

따라서, 개발이 시작되기 전에 모든 이해관계자가 요구사항을 정확히 이해하고 있는지 확인하는 과정이 필수입니다. 그럼 RCI를 활용하여 책임 분배는 어떻게 해야 할까요?

개발, 그렇게 하는게 아닌데?

비즈니스 애널리스트(BA)

- 요구사항이 정확하게 문서화 되었는지 확인합니다. 그래야만 개발도중 "요구사항이 애매했다"와 같은 변명을 방지할 수 있습니다.

디자인 리드(Design Lead)

- 기능이 올바르게 설계되도록 디자인 방향을 확실히 이해해야 합니다.

테크리드(Tech Lead)

- 개발팀이 요구사항을 이해하고, 설계 및 개발이 올바르게 진행되도록 책임을 져야합니다.

품질보증(QA)

- 기능이 요구사항에 맞게 구현되었는지 테스트 계획을 수립해야 합니다.

이 과정을 거치면 누가, 언제, 어떤 요구사항을 승인했는지 명확하게 기록이 됩니다. 모든 이해관계자가 RCI점수 4~5점을 주었다면, 이후 결과물에 대한 책임을 확실히 물을 수 있습니다. 개발, 디자인, QA과정에서 잘못된 결과물이 나오면 해당 담당자가 책임을 져야 합니다.

#	Requirement type	JIRA ID	User story ID	User Story
1	Functional	PK1	US 01	As a Mobile user, I want to find KyoSync servi platform easily through my mobile, so that I p with my ordering and booking activities.
2	Functional	PK2	US 02	As a Mobile user, I want to login to KyoSync s platform easily through user authentication p so that I can proceed with my ordering & boo activities easily without any unwanted inconv
3	Functional	PK3	US 03	As a Mobile user, I want to login to KyoSync s platform easily through face recognition pro that I can proceed with my ordering & bookir activities easily without any unwanted inconveniences.
4	Functional	PK4	US 04	As a Kiosk user, I want to login to KyoSync se platform easily through Kiosk tab, so that I c proceed with my ordering activities easily wit unwanted inconveniences.

· RCI값이 포함된 백로그화면

개발, 그렇게 하는게 아닌데?

	RCI					Design completion %	UX design completion %
A RCI ▼	UX RCI ▼	UI RCI ▼	Dev RCI ▼	QA RCI ▼	Avg RCI ▼		
4	4	4	4	4	4	100%	100%
4	4	4	4	4	4	100%	100%
4	4	4	4	4	4	100%	100%
4	4	4	4	4	4	100%	100%

기본 개념 정리

지속 가능한 개발을 위한 계획(Planning to Last)

•

시스템을 개발하기 전에 확장성(Scalability)과 보안(Security)이 얼마나 중요한지를 대략적으로 파악해야 합니다. 그러나 개발을 희망하시는 많은 분들이 이 부분을 놓치는 경우가 많습니다. 따라서 백로그 문서를 작성할 때, 요구사항 문서(SRS, Software Requirement Specification) 에 기록이 되어야 합니다. 내부 팀 또는 외주용역을 통해 시스템 설계를 진행하면 아래와 같은 요소들이 포함됩니다.

UIUX디자인
– 사용자 경험(UX) 및 사용자 인터페이스(UI) 설계를 진행합니다.
프로젝트 계획(Project Plan)
– 개발 일정, 마일스톤 설정을 진행합니다.
테스트 계획(Testing Plan)
– 품질 보증(QA) 및 테스트 전략 수립을 진행합니다.
시스템 설계(System Design)
– 아키텍처 디자인 및 기술 스택 결정이 필요합니다.

사용자는 기술적으로 아무리 뛰어난 시스템이라 할지라도 디자인이 불편하면 시스템을 사용하지 않습니다. 그래서 UI/UX디자인은 단순한 미적 요소가 아니라, 제품과 서비스의 성공을 결정하는 핵심 요소입니다. UXUI디자인의 핵심 포인트는 첫 번째로 사용자 친화적이어야 합니다. 두 번째로 쉽게 개발할 수 있도록 설계되어야 합니다. 그리고 마지막으로 브랜드 아이덴티티를 반영해야 합니다.

여기서 쉽게 개발할 수 있도록 설계하였는데, UX/UI디자이너는 어떻게 개발 친화적으로 UX/UI디자인을 할까요?

그것은 유명하고 많이 사용하는 CSS 프레임 워크를 이해하는 것입니다. 예를들면 Tailwind CSS, Ant Design, Material UI를 이해하고 있다면, 해당 프레임워크에서 어떤 컴포넌트를 제공하는지 알고 디자인에 적용할 수 있습니다.

위 내용에 따라 프레임 워크를 고려한 디자인과 프레임 워크를 고려하지 않은 디자인을 비교해볼 수 있습니다. 프레임 워크를 고려한 디자인은 개발자가 쉽게 구현이 가능합니다. 개발자가 쉽게 개발할 수 있다는 것은 개발 속도가 증가한다는 뜻입니다. 반대로 프레임워크를 고려하지 않은 디자인은 개발자가 새롭게 컴포넌트를 만들어야 합니다. 이는 결국 개발 시간이 증가합니다.

캘린더 기능의 예를 들어보겠습니다. 캘린더에서 요일에 대해 여러 가지 표시 방법이 있습니다. 월~금 토,일/일, 월~금, 토 등 이때 개발 프레임 워크를 고려하지 않고 디자인을 하면 개발자는 디자인에 맞춰서 새롭게 컴포넌트를 만들게 됩니다.

그래서 디자인 단계에서 개발자의 의견을 반영하는 것이 중요하고 프레임 워크를 고려할 줄 아는 디자이너는 개발 속도를 향상시키는 데 중요한 역할을 합니다. 이미 백로그에서 기능 범위와 일정이 정해졌기 때문에 현실적으로 개발 가능한 디자인을 해야 합니다.

UI/UX디자이너는 디자인만 잘하면 될까요? UI/UX디자이너는 브랜드 아이덴티티를 고려한 디자인을 할 수 있어야 합니다.

좋은 제품과 서비스에는 반드시 좋은 브랜드가 필요합니다. 사용자들은 단순히 제품과 서비스를 구매하는 것이 아니라, 브랜드에 대한 신뢰를 바탕으로 제품을 선택합니다. 브랜드 아이덴티티를 반영하는 디자인 요소는 브랜드의 색상, 패턴 및 레이아웃, 타이포 그래피 및 폰트, 캐치프레이즈 등이 반영됩니다. 이러한 요소들은 무드보드(MoodBoard)라는 디자인 가이드에 정리됩니다. 무드보드는 브랜드의 시각적 방향성을 결정하는 중요한 자료입니다.

많은 스타트업은 초기에 브랜딩보다 제품 기능 개발에 집중합니다. 하지만 장기적으로 보면, 사람들은 브랜드를 보고 제품을 선택합니다. 브랜드는 단순한 로고가 아니라 기업이 존재하는 이유를 전달해야 합니다. 이와 관련하여 사이먼 시넥(Simon Sinek)은 〈Start with Why〉라는 책에서 이런 말을 남겼습니다.

"사람들은 당신이 '무엇을(What)'하는지가 아니라, '왜(Why)'하는지에 공감할 때 브랜드에 충성한다."

무드보드가 완료되면 무드보드를 의뢰인에게 공유하고 승인을 받습니다. 무드보드를 기반으로 저해상도 디자인(Low Fidelity Design)을 진행합니다. 그리고 최종적으로 고해상도 디자인(High Fidelity Design)을 진행합니다.

그럼 디자인 변경은 왜 오래 걸릴까요? 많은 의뢰인들이 내부 디

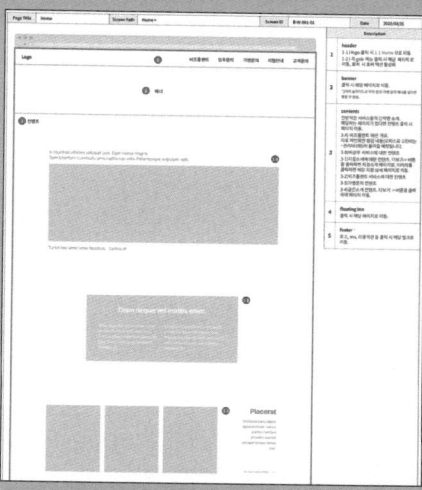

- 화면구성도
  (저해상도 디자인(Low Fidelity Design))

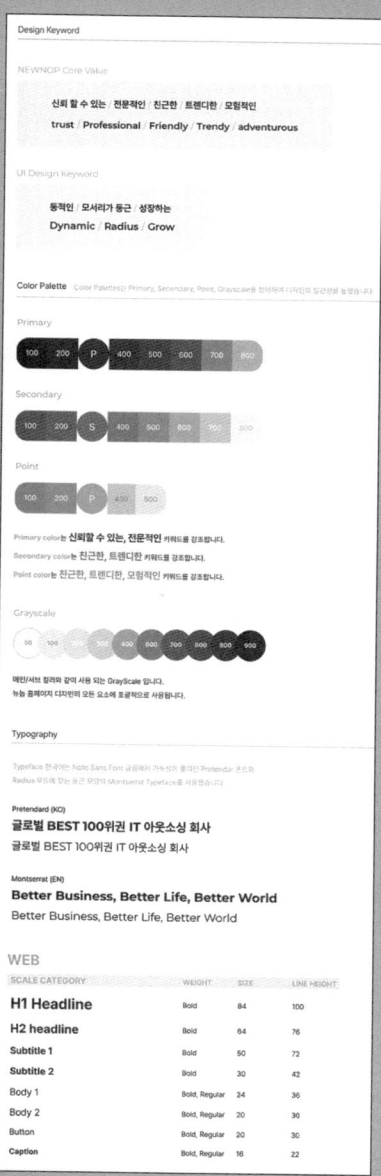

- 무드보드

자이너가 진행하던 개발외주에서 "디자인 수정에 너무 시간이 오래 걸립니다."라고 이야기하는 경우가 많습니다. 하지만 단순한 색상 변경이나 버튼 모양 수정과 같은 소소한 변경과 디자인 구조 변경은 차원이 다른 이야기입니다.

디자인 수정에도 단계가 있습니다. 간단한 변경인 색상, 아이콘, 버튼 크기 등은 빠르게 변경이 가능합니다. 복잡한 변경인 화면 레이아웃 변경, 정보 구조 수정은 시간이 많이 소요됩니다. 그래서 디자인 구조를 변경한다면 최대한 초기에 진행하는 것이 좋습니다. 따라서 저해상도 디자인일 때 의뢰인의 승인을 얻고 고해상도 디자인을 진행하는 것이 좋습니다. 만약 모든 고해상도 디자인이 완료된 후에 변경 요청이 오면, 디자인팀은 처음부터 다시 작업해야 하므로 개발 일정이 지연될 수밖에 없습니다. 그래서 변경을 요청하는 사람도 제품과 서비스에 꼭 필요한 변경인지 아닌지 판단하는 것도 중요합니다.

개발 시간을 줄이기 위해 개발팀과 협업하며 디자인을 진행하는 방법도 좋습니다. 기능별로 나눠 화면 배치와 기능 설명을 진행한 후 의뢰인과 개발팀이 해당 화면에 대해 먼저 승인을 진행합니다. 반대로 디자이너도 개발팀이나 의뢰인이 UI를 보면서 이해할 수 있도록 설계해야 합니다. 개발자가 현실적으로 구현 가능한 디자인인지도 피드백을 제공해야 합니다. 이때, 피드백을 받다 보면 결국 원래 디자인으로 되돌아가는 경우도 많습니다. 따라서, 디자인 과정에서도 버전 관리가 필수적입니다.

디자인 변경사항을 체계적으로 관리하려면 Figma나 Adobe XD

같은 디자인 툴에서 버전관리 기능을 활용하면 좋습니다. 버전 관리를 하면 좋은 점은 변경 이력을 남겨 이전 디자인으로 쉽게 되돌릴 수 있습니다. 또 이해관계자가 어떤 피드백을 하여 반영되었는지 추적이 가능합니다. 마지막으로 불필요한 수정 작업을 줄이고, 효율적인 디자인 진행이 가능합니다.

이제 저해상도 디자인에 대해 의뢰인의 승인을 받았다면, 색상, 폰트, 이미지를 추가하고 고해상도 디자인을 제작할 차례입니다. 이 단계에서 프로토타입을 만들어 두면, 의뢰인이 실제 앱이 어떻게 작동할지 쉽게 이해할 수 있습니다. 하지만 이 과정에서 여러 차례의 수정이 필요할 가능성이 높습니다. 그래서 디자인 프로세스를 효율적으로 관리하는 것이 매우 중요합니다.

우리가 사용하는 UI는 결국 스타일링이 적용된 여러 개의 박스들이 모여 만들어진 것입니다. 하지만 잘못된 디자인 방식은 개발 속도를 늦추는 원인이 될 수 있습니다.

실제로 한 의뢰인은 직접 UI 디자인을 만들어 개발팀에 제공했습니다. 그러나 버튼과 입력 필드 같은 요소를 드래그 & 드롭으로 아무렇게나 배치하였고, 패딩(Padding-요소의 테두리와 내용 사이의 안쪽 여백)과 마진(Margin-요소와 다른 요소 사이의 바깥 여백)을 제각각으로 설정하여 개발자가 각 요소의 간격을 일일이 수동으로 계산해야 하는 상황을 발생시켰습니다. 그 결과 단순히 숫자를 입력하면 끝나는 작업이 아니라 공간을 다시 계산해서 개발 시간이 지연되도록 만들었고, 비효율적인 작업이 증가하여 개발 비용이 상승하는 결과를 초래하였습니다. 이를 해결하기 위해서는 디자인 단계에서부터 개발자의 피드백을 반영해야 합니다. 그리고 일관된 간격을 유지하는 디자인이 필요합니다.

시스템 아키텍처 디자인

소프트웨어 개발 환경은 끊임없이 변화하고 있습니다. 따라서 오랫동안 유지될 수 있는 제품과 서비스를 만들려면 견고한 아키텍처가 필수적입니다.

좋은 아키텍처는 초기 목적을 충족할 뿐만 아니라 미래의 변화에도 유연하게 대응할 수 있는 구조로 설계하는 것이 중요합니다. 하지만 완벽한 아키텍처를 만들겠다는 욕심은 위험할 수 있습니다. 소프트웨어 아키텍트 Mark Richards는 아래와 같이 말했습니다.

"최고의 아키텍처를 목표로 하지 말고 가장 덜 나쁜(Least Worst) 아키텍처를 목표로 하라."

이 말은 아키텍처 설계에서 중요한 것은 완벽함이 아니라 균형이라는 의미입니다. 즉, 모든 설계에는 트레이드 오프(장단점의 균형)가 존재한다는 사실을 인정해야 합니다.

성공적인 아키텍처 설계에 대해 소프트웨어 아키텍처 전문가 Mark Richards와 Neal Ford는 그들의 저서에서 성공적인 아키텍처 디자인의 세 가지 기둥에 대해 이야기 하고, "가장 덜 나쁜 아키텍처를 목표로 하라"며, 아키텍처의 개념을 다음과 같이 제시하였습니다.

트레이드오프의 기술(The Art of Trade-Offs)

모든 아키텍처 선택에는 장점과 단점이 존재합니다. 예를 들어 높은 보안을 유지하려면 성능이 저하되는 경우 같은 것입니다.

적절한 아키텍처 특성 선택(Selecting the Right Characteristics)

제품 및 서비스의 목표에 맞는 아키텍처 특성을 우선순위로 설정해야 합니다.

유지보수성과 미래 확장성(Developing for Maintainability and Future Growth)

시간이 지나도 쉽게 유지보수 할 수 있도록 설계해야 합니다. 또한 빠르게 변화하는 비즈니스 요구사항에 맞춰 유연하게 확장 가능해야 합니다.

트레이드 오프에 대해 구체적으로 알아보기 전에 먼저, 좋은 아키텍처를 결정하는 3가지 핵심 기준을 알아보겠습니다.

1. 도메인과 무관한 설계 고려 사항(Non-Domain Design Considerations)

- 아키텍처를 설계할 때, 특정 비즈니스 도메인과는 상관없이 모든 서비스에 필수적인 요소가 있습니다.

첫 번째로 보안(Security)입니다. 시스템이 외부 공격으로부터 안전한지 고려해야 합니다. 두 번째로는 성능(Performance)입니다. 빠르게 응답할 수 있는가를 고려해야 합니다. 세 번째는 신뢰성(Reliability)입니다. 오류 없이 안정적으로 작동하는가를 고려해야 합니다. 마지막으로 유지보수성(Maintainability)입니다. 향후 수정 및 개선이 용이한가를 고려해야 합니다.

이 요소들은 종종 요구사항 문서에 명시되지 않지만, 무시하면 심각한 문제가 발생할 수 있습니다. 숙련된 아키텍처 담당자는 이러한 암묵적인 요소를 미리 고려하여 미리 아키텍처에 반영합니다.

2. 서비스의 성공에 중요한 요소(Critical to Service Success)

- 프로젝트 성공에 직접적인 영향을 미치는 주요한 특성 및 요소가 있습니다.

첫 번째로 확장성(Scalability)입니다. 사용자가 증가해도 원활하게 동작할 수 있는가를 고려해야 합니다. 두 번째로 유지보수성(Maintainability)입니다. 장기적으로 코드를 쉽게 관리할 수 있는가 입니다. 마지막으로 기능성(Functionality)입니다. 이해관계자(Stakeholders)가 요구하는 주요 기능을 제공하였는가 입니다.

성공적인 아키텍처 담당자는 이러한 핵심 요구사항을 효과적으로 반영하여 시스템을 설계합니다.

3. 구조적 설계에 영향을 미치는 요소(Influences Structural Design)

– 아키텍처 특성은 단순히 필요한 기능을 넘어서 시스템의 구조적 설계에도 영향을 미칩니다.

서비스를 독립적이고 재사용 가능한 구성 요소로 나누는 과정과 유지보수와 확장성을 고려하여 체계적으로 설계하였는지 확인이 필요합니다. 이를 모듈화라고 표현합니다. 각 모듈은 위에서 언급한 특성을 고려하여 설계되어야 합니다. 이렇게 설계된 시스템은 유연하고 지속가능한 구조를 가지게 됩니다.

트레이드 오프(Trade-Offs)의 기술

•

소프트웨어 아키텍처에는 다양한 특성이 적용될 수 있지만, 각 특성은 복잡성을 동반합니다. 예를 들어, 보안을 강화하면 추가적인 처리 과정이 필요하므로 성능에 영향을 줄 수 있습니다. 또한, 유지보수성을 높이기 위해 모듈화를 강화하면 그만큼 실력있는 개발자가 시간을 투자해야 하기 때문에 초기 설계 비용이 증가할 수 있습니다. 이처럼 완벽한 아키텍처는 이 세상에 존재하지 않습니다. 완벽한 아키텍처가 존재한다면 전설 속에 등장하는 유니콘이나 드래곤이 현실 세계에서 존재해야 합니다. 그렇기 때문에 우리는 '가장 덜 나쁜(Least Worst) 아키텍처'를 목표로 해야 합니다.

로컬 베이커리 이커머스 플랫폼과 글로벌 이커머스 플랫폼을 예로 들어 설명해 보겠습니다.

지역 베이커리를 위한 간단한 온라인 쇼핑몰을 개발한다고 가정해 봅시다. 의뢰인 데이터를 보호하기 위해 보안은 매우 중요합니다. 하지만 상품 카탈로그가 크지 않기 때문에 높은 처리성능은 우선순위가 아닙니다. 유지보수성도 중요하므로 확장성보다 더 신경 써야 할 수도 있습니다. 반면, 글로벌 E커머스 플랫폼을 구축한다고 가정해 봅시다. 하루 수백만 건의 거래가 발생하므로, 확장성이 가장 중요한 요소가 됩니다. 물론 보안도 중요하지만 지나치게 강력한 보안 정책이 성능을 저하시킬 수도 있습니다.

따라서 일정 수준의 보안과 성능 사이에서 균형을 맞춰야 합니다. 한번에 보기 좋게 표로 정리해보겠습니다.

항목	지역 베이커리 쇼핑몰	글로벌 E커머스 플랫폼
보안	높음	중간
성능	낮음	중간
확장성	낮음	높음
유지보수성	높음	중간

아키텍처의 균형을 최적의 상태로 맞추는 데에는 숙련된 아키텍처 담당자가 필요합니다. 숙련된 아키텍처 담당자는 프로젝트 요구사항을 분석하여 가장 중요한 특성을 식별할 수 있습니다. 모든 특성을 완벽히 적용하는 것이 불가능하다는 점을 이해하고 우선순위

를 설정할 수 있습니다. 특별한 특성을 강화하기 위해 다른 요소를 어느 정도 타협할 것인지 결정할 수 있습니다. 중요하니까 다시 한번 말씀 드리겠습니다.

❶ 완벽한 아키텍처는 없습니다.

❷ 항상 트레이드오프가 필요합니다.

❸ 초기 탐색 단계에서 의뢰인은 가장 중요한 특성을 명확하게 전달해야 합니다.

❹ 모든 기능을 다 갖춘 '무제한 뷔페'같은 아키텍처는 존재하지 않습니다.

그럼 아키텍처 담당자가 없을 때 적절한 아키텍처 특성을 선택하는 몇 가지 방법을 알아보겠습니다. 적절한 아키텍처 특성을 선택하려면, 제품과 서비스의 목적과 사용 패턴을 철저히 분석해야 합니다. 아래의 질문에 앞으로 개발할 서비스를 염두에 두고 답변해 보면 좋습니다.

❶ 서비스의 주요 기능은 무엇인가?

❷ 누가 주요 사용자이며, 예상 사용 패턴은 어떤가?

❸ 미래 성장 가능성과 확정성 요구사항은 무엇인가?

❹ 가장 중요한 보안요소는 무엇인가?

❺ 장기적인 유지보수를 위해 필요한 요소는 무엇인가?

위 질문의 답변에 도움을 드리기 위해 예를 들어서 설명해보겠습니다.

　의료 데이터 관리 시스템을 개발한다고 가정해 보겠습니다. 의료 데이터 관리 시스템은 환자의 민감한 정보를 다루므로 보안이 최우선 과제입니다. 또 UI/UX의 복잡한 기능보다는 데이터 보호와 접근 제어가 더 중요할 수 있습니다.

　다음은 소셜 미디어 플랫폼을 개발한다고 가정해 보겠습니다. 소셜 미디어 플랫폼은 하루 수백만 명의 사용자가 접속할 것이므로 성능과 확장성이 핵심이 될 것입니다. 물론 보안도 고려해야 하지만 일정 수준의 리스크를 감수할 수도 있습니다. 보안이 높으면 서비스의 속도가 느려지고 사용자의 불편함과 불만이 생기기 때문입니다.

유지보수성과 미래 확장을 고려한 개발

●

　새로운 서비스를 시장에 출시할 때, 하루아침에 수십억 명의 사용자가 몰려올 것이라고 기대하는 경우는 드뭅니다. 하지만 그렇다고 해서 시스템이 확장성 없이 개발되어서는 안됩니다. 좋은 아키텍처는 단순히 현재의 요구만 충족하는 것이 아니라, 미래의 성장 가능성을 고려해야 합니다. 확장성이 없으면, 서비스가 성장할 때마다 전체 아키텍처를 다시 설계해야 하는 문제가 발생할 수 있습니다. 가장 덜 나쁜 아키텍처의 핵심은 미래의 변화에 유연하게 대응할 수 있는 구조를 갖추는 것입니다. 모듈화, 명확한 인터페이스, 체계적인 문서화가 필수입니다.

아키텍처에 대한 설명을 들으면 졸음이 몰려올 수도 있으니, 조금 더 쉽고 재미있는 예로 설명해 보겠습니다.

예를 들어 여러분의 회사가 피자 가게라고 가정하고, 모놀리식 아키텍처(Monolithic Architecture)는 한판의 거대한 피자라고 가정하겠습니다. 피자의 모든 재료(도우, 소스, 치즈, 토핑)가 한 판에 조화롭게 구워진 상태입니다. 간단하고 만들기 쉽습니다. 작은 피자 가게에서는 이 방식이 효과적일 수 있습니다. 하지만, 중간에 토핑을 바꾸거나 도우를 개선하려면 전체 피자를 다시 만들어야 합니다.

이처럼 모놀리식 아키텍처의 특징은 초기 개발이 빠르고 간단하며 배포도 한번에 가능하다는 점입니다. 그러나 특정 기능을 수정하려면 전체 애플리케이션을 수정해야 하는데, 그럴 경우 자연적으로 확장성이 떨어집니다. 또 트래픽이 늘어나면 부담이 증가하게 됩니다. 즉, 작은 스타트업이 빠르게 MVP를 출시할 때는 적합한 구조입니다.

이번엔 마이크로서비스 아키텍처(Microservices Architecture)를 여러 개의 개별 피자가 모인 거대한 피자 한판이라고 가정하겠습니다. 한 판의 거대한 피자가 아니라 각각 독립적인 미니 피자들을 만듭니다. 이때, 각 팀이 개별적으로 다양한 피자를 만들 수 있습니다. 예를 들어 A팀은 크러스트 피자, B팀은 토마토 소스 피자, C팀은 모차렐라 치즈 피자를 담당합니다. 각 팀이 자신의 파트를 독립적으로 개발, 배포 그리고 확장이 가능합니다.

이처럼 마이크로서비스 아키텍처의 특징은 특정 기능을 빠르게 변경 할 수 있다는 점입니다. 소스만 변경하기 때문에 전체 시스템에 영향을 주지 않습니다. 그리고 팀별 독립적인 운영이 가능하기 때문에 대규모 서비스에 적합합니다. 그러나 초기 설계와 관리가 복잡합니다. 그리고 서비스 간 통신 비용(데이터 요청)이 증가할 수 있습니다. 즉, 글로벌 규모의 서비스(예: 넷플릭스, 아마존, 카카오)에서 선호하는 구조입니다.

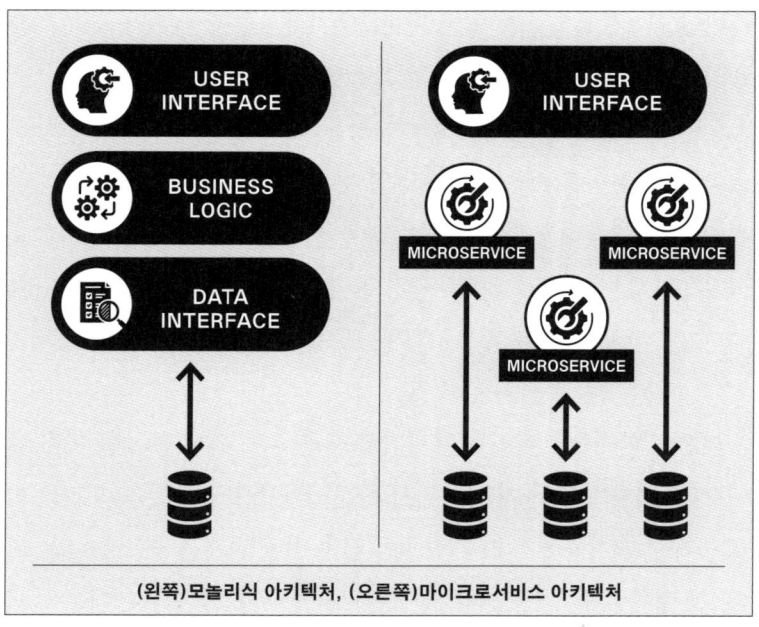

(왼쪽)모놀리식 아키텍처, (오른쪽)마이크로서비스 아키텍처

이번엔 서버리스 아키텍처(Serverless Architecture)라는 주문 즉시 조리되는 피자로 가정하겠습니다. 기존 방식에서는 피자를 미리 만들어

개발, 그렇게 하는게 아닌데?

두고, 필요할 때 꺼내서 제공해야 했습니다. 하지만 서버리스 방식에서는 주문이 들어올 때만 피자를 조리합니다. 즉 필요한 순간에만 시스템이 작동하고, 사용하지 않을 때는 서버가 꺼져 있는 상태입니다. 다시 말해 손님이 주문하면 피자를 즉석에서 만들어 제공하는 방식입니다.

　서버리스 아키텍처의 특징은 사용한 만큼만 서버 비용을 지불하기 때문에 유지비가 절감된다는 점과 또 요청이 많아질수록 자동으로 서버가 늘어나 자동 확장이 가능하다는 점입니다. 그러나 모든 서비스에 적합한 것은 아닙니다. 예를 들어 항상 실행되어야 하는 시스템에는 부적합합니다. 또 장애가 발생하면 복구하는 데 시간이 걸릴 수 있습니다. 따라서 트래픽이 들쑥날쑥한 서비스(이벤트 기간 서비스, 챗봇, 배치 작업)에 적합한 구조입니다.

　세 가지 아키텍처에 대해서 알아보았는데요. 어떤 아키텍처가 정답일까요? 저자는 이렇게 추천드립니다.

소규모 프로젝트
- 모놀리식 아키텍처로 빠르게 개발하여 배포

대규모 프로젝트
- 마이크로서비스 아키텍처로 개별 서비스를 확장하며 배포

변동이 많은 트래픽 환경
- 서버리스 아키텍처로 사용량에 맞춰 자동 확장이 가능하도록 배포

위에서 보시는 바와 같이 완벽한 아키텍처는 존재하지 않는다는 것입니다. 각 프로젝트의 특성에 맞는 최적의 구조를 선택해야 합니다. 아직도 어떤 아키텍처를 선택할지 고민이신가요? 더 쉬운 이해를 위해 모놀리식 피자와 마이크로서비스 피자를 다시 한번 비교해보 겠습니다.

모놀리식 방식으로 만든 피자라면 기본적인 피자를 빠르게 만들어 내는 데 아주 적합합니다. 익숙한 방식이라 누구나 쉽게 이해할 수 있습니다. 그리고 처음부터 빠르게 시장에 출시할 수 있습니다. 하지만, 만약 글루텐 프리 도우가 필요해진다면 어떻게 할까요? 기존 방식에서는 피자 전체 레시피를 바꿔야 하므로 시간이 오래 걸릴 수 있습니다. 그리고 원래의 맛을 유지하면서 바꾸기가 쉽지 않습니다. 반대로 마이크로서비스 방식으로 만든 피자라면 원하는 재료가 있으면 추가하면 됩니다. 만약 비건 치즈가 필요하면 치즈팀이 빠르게 대응이 가능합니다. 빵의 일부분의 재료를 변경해보며 테스트해보면 되는 것이기 때문에 각 요소를 독립적으로 관리할 수 있어 변화에 유연합니다. 하지만 자유에는 책임이 따릅니다. 각 팀이 독립적으로 움직이다 보면 관리가 복잡해질 수도 있습니다. 각 파트가 잘 조화를 이루도록 조율하는 매니저가 필요하기도 하고, 또 잘못 관리하면 비용이 예상보다 커질 위험도 있습니다.

이번엔 서버리스 아키텍처 방식을 푸드트럭(서버기반)과 푸드카트(서버리스)로 비교해보겠습니다. 지금 여러분의 회사는 대규모 푸드 트럭

사업을 운영중입니다. 트럭 안에는 와플 기계, 튀김기, 아이스크림 기계가 모두 들어 있습니다. 강력한 기능을 갖춘 트럭이지만, 모든 기계를 관리하고 유지하는게 너무 힘들고 어렵습니다. 이게 바로 전통적인 서버 기반 아키텍처입니다. 강력한 기능을 제공하지만 유지보수와 운영이 부담됩니다.

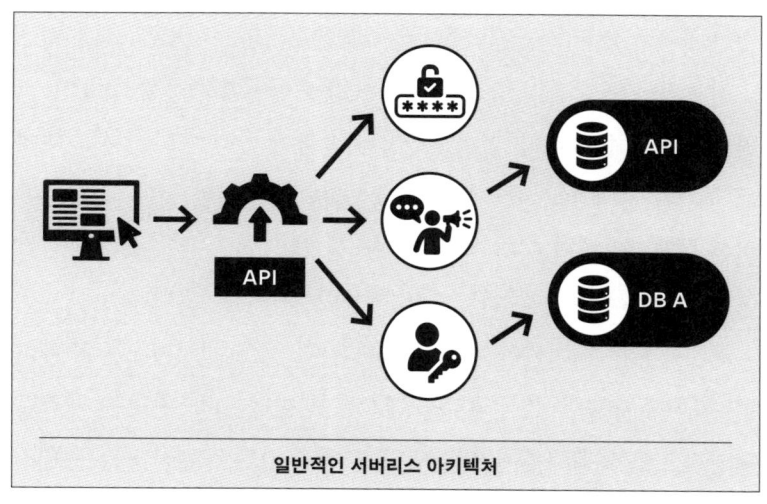

일반적인 서버리스 아키텍처

푸드 트럭이 아니라 푸드 카트라면 각각의 음식에 맞는 전문 푸드 카트로 바꾸기만 하면 됩니다. 한 카트는 타코만, 다른 카트는 커피만, 또 다른 카트는 크레페만 팝니다. 카트는 독립적으로 운영되며 필요한 만큼만 유지하면 됩니다. 비용도 사용한 만큼만 내면 되니까 훨씬 효율적입니다.

서버리스 아키텍처의 핵심 장점은 클라우드 기반일 때, 필요한 만큼만 사용할 수 있어 비용이 절감된다는 점입니다. 또 직접 서버를 관리할 필요가 없어 유지보수가 간편합니다. 마지막으로 요청이 많아지면 자동으로 확장이 가능합니다. 하지만 서버리스도 완벽한 해결책은 아닙니다. 특정 작업에는 적합하지 않을 수 있습니다. 또 서버가 자동으로 꺼졌다 켜지기 때문에 응답 속도가 일정하지 않을 수 있습니다. 조금 더 푸드트럭과 푸드 카트의 활용에 대하여 알아보겠습니다.

전통적인 푸드 트럭 방식은 모든 요리를 한번에 제공할 수 있는 강력한 장점이 있습니다. 점심시간처럼 손님이 몰리는 바쁜 시간대에도 문제없이 대응이 가능합니다. 또 모든 장비가 한 곳에 있어서 완전한 통제가 가능합니다. 하지만 장비를 계속 유지하고 관리해야 하며, 사용하지 않는 시간에도 운영 비용이 계속 발생합니다.

푸드카트는 의뢰인이 원하면 그에 맞춰 새로운 서비스를 추가하여 제공이 가능합니다. 새로운 레시피 개발을 위해 원하는 재료를 독립적으로 사용해볼 수 있습니다. 또 푸드카트로 장사하는 사람의 마음에 따라 또는 그날에 따라 필요한 만큼만 재료를 준비하고 사용하므로 비용이 절약됩니다. 손님이 늘거나 줄어도 쉽게 옆 푸드카트에 도움을 청하여 확장하거나 축소도 가능합니다. 그러나 독립적으로 운영되는 만큼 모든 푸드카트가 제때, 제대로 운영되도록 관리가 필요합니다. 그리고 예상하지 못한 문제가 발생하면 대응이 어렵습니다.

지금까지 푸드트럭과 푸드카트로 비교를 해봤습니다. 운영의 안

개발, 그렇게 하는게 아닌데?

정성과 완전한 제어를 원한다면 전통적인 서버 기반 방식이 유리합니다.(푸드트럭 방식), 비용 절감과 유연한 확장이 중요하다면 서버리스 방식이 강력한 선택지가 될 수 있습니다.(푸드카트 방식)

이제 배고픈 이야기는 잠시 접어두고, 진지한 이야기로 돌아가 보겠습니다. 앞서 말했듯이 아키텍처 스타일을 선택하는 것은 프로젝트의 요구사항에 따라 달라집니다. 이와 함께 중요한 또 하나의 기술적 결정이 있습니다. 바로 데이터베이스(DB)구조 설계입니다.

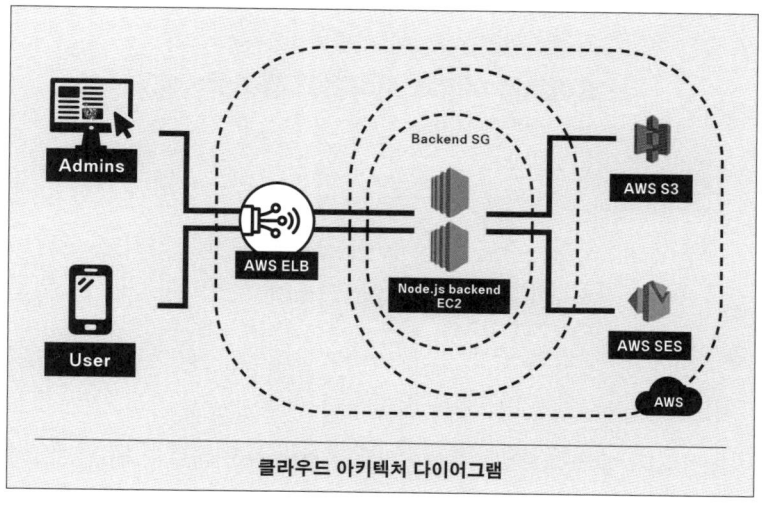

클라우드 아키텍처 다이어그램

SQL기반 DB(예: MySQL, PostgreSQL)은 정형화된 데이터에 강하고 정확한 데이터 구조가 필요할 때 유용합니다. 하지만 개발 도중에 DB 구조를 변경하는 것은 시간과 비용이 많이 들 수 있습니다. NoSQL

기반 DB는 유연한 데이터 구조를 제공하여 변경이 쉽습니다. 하지만 처음부터 일정한 방향성을 가지고 설계하는 것이 개발 효율을 높이는 데 중요합니다. 따라서 개발을 시작하기 전에 최소한의 DB구조를 정리하는 것이 매우 중요합니다. DB설계가 확정되면 본격적인 개발을 시작할 수 있습니다.

클라우드 기반 시스템을 구축할 때 필수적인 클라우드 아키텍처 다이어그램을 첨부했습니다. 이 다이어그램을 참고하여 제품과 서비스에 적합한 클라우드 인프라를 설계하세요!

프로젝트를 어떻게 시작하고 관리할까요?

●

이제 계획이 모두 완료되었으니, 프로젝트를 어떻게 시작하고 관리해야 할까요? 다행히도 이미 잘 시스템화 된 여러 가지 프로젝트 관리 방법론이 있습니다. 그중에서도 대표적인 두 가지 방법의 이름은 워터폴 방식과 스프린트 방식입니다.

워터폴 방식은 집의 벽돌을 하나하나씩 쌓아가며 집을 짓는 것과 비슷합니다. 순차적으로 진행하는 방식인데 프로젝트의 각 단계(요구사항 정의 ➡ 설계 ➡ 개발 ➡ 테스트)가 엄격한 순서로 진행됩니다. 처음에 정해진 요구사항이 바뀌지 않는 프로젝트에 적합합니다. 그러나 유연성이 부족하여 예상치 못한 변경 사항이 생기면 진행이 느려질 수 있습니다.

스프린트 방식은 짧은 거리를 반복해서 달리는 것과 비슷합니다. 짧은 주기(1~4주)로 프로젝트를 나누어 진행합니다. 그리고 매번 새로운 깨달음을 얻으며 발전이 가능합니다. 마지막으로 프로젝트 요구사항이 유동적이거나 빠른 개발이 필요한 경우에 적합하여 변화에 빠르게 대응 가능합니다. 그러나 계속해서 집중력을 유지해야 하는 부담이 있을 수 있습니다. 스프린트 방식에서는 각 스프린트가 끝날 때마다 테스트 가능한 결과물이 나오는 것이 이상적입니다. 즉, 일정한 주기마다 작은 완성품을 만들어 점진적으로 개선하는 방식입니다.

프로젝트가 시작되기 전에 프로젝트 계획 회의를 진행해야 합니다. 여기서 중요한 논의 사항은 릴리즈 계획 및 커뮤니케이션 계획을 수립하고, 요구사항을 여러 개의 스프린트로 나누고, 작업 간의 의존 관계를 정리하고, 팀의 작업량을 현실적으로 평가하고 할당하는 것입니다. 작업량을 과도하게 할당하면 개발자들의 피로도가 심해지고 동기부여가 떨어질 수 있습니다. 개발자도 사람입니다. 적절한 휴식이 필요합니다.

칸반은 프로젝트의 진행 상태를 한눈에 볼 수 있는 시각적 관리 시스템입니다. 큰 보드에 할 일(To Do) - 진행중(Progress) - 완료(Done) 등의 섹션을 만듭니다. 각 작업(Task)은 카드 형태로 표현되며, 진행 상황에 따라 이동합니다. 업무 흐름을 최적화하고, 우선순위를 정하는 데 유용한 도구입니다. 칸반이 잘 적용된 프로젝트 관리 협업 툴의 예를들면 JIRA, ClickUp, FLow가 있습니다. 굳이 협업툴을 쓸 필요가 없으면 간단하게 엑셀을 활용할 수도 있습니다.

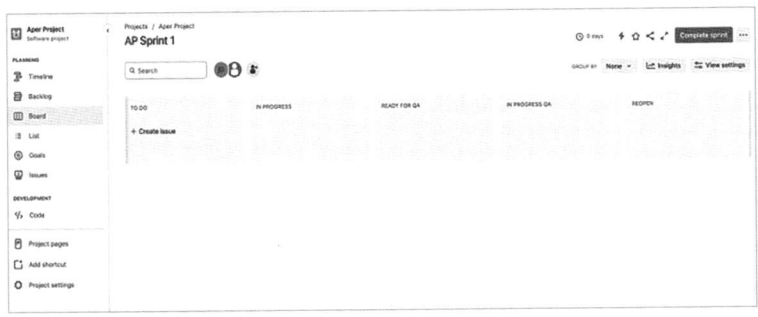

- **JIRA 툴을 활용한 칸반보드**

위 그림에서 볼 수 있듯이 JIRA를 활용하면 백로그를 정리하고, 마감 기한을 설정하며, 각 작업의 담당자를 지정할 수 있습니다.

백로그에 있는 사용자 스토리는 여러 개의 스프린트에 걸쳐 배정할 수 있으며, 이를 통해 각 스프린트에서 어떤 작업이 진행되는지 한눈에 파악 할 수 있습니다. 이 방식은 프로젝트 진행 상황을 추적하고, 팀원들과 원활하게 소통하는 데 매우 유용합니다. JIRA외에도 ClickUp이나 Flow 같은 툴을 사용하여 칸반보드를 만들 수도 있습니다. 작업의 진행 상태를 시각적으로 확인이 가능하고 각 팀원이 맡은 업무와 마감 기한을 명확히 파악하는 것도 가능합니다. 여기에는 작업을 배정할 때, 개발팀 리더가 비즈니스 우선순위를 고려하여 할당해야 한다는 점이 중요합니다.

이런 툴을 어떻게 사용하는지에 대한 자세한 설명은 여기서 다루지 않겠습니다. 왜냐하면 유튜브에 이미 많은 사용 방법 강의 영상

개발, 그렇게 하는게 아닌데?

이 있기 때문입니다. 그리고 일부 도구는 유료 구독이 필요할 수도 있으며, 예산에 따라 선택이 달라질 수 있기 때문입니다. 프로젝트 관리 방식을 선택할 때 고려해야 할 요소는 프로젝트 규모 및 복잡성, 요구사항의 명확성, 유연성 필요 여부, 팀 구조 및 선호도에 따라 달라질 수 있습니다.

지금까지 몇 가지 대표적인 프로젝트 관리 방법을 설명했지만, 사실 그 외에 하이브리드 방식도 존재합니다. 각 조직과 프로젝트에 맞게 방법론을 조합하여 적용할 수도 있고, 각 담당자와 프로젝트에 맞게 방법론을 조합하여 적용할 수도 있습니다. 어떤 방법도 100% 완벽하지 않으며 모든 회사에 똑같이 적용될 수도 없습니다. 하지만 기본적인 프로젝트 관리 방법을 이해하고 있어야 "이 작업은 누가 담당하는 거였죠?", "마감 기한이 언제였죠?", "이 기능이 포함된다고 미리 이야기 했나요?"와 같은 혼란을 방지할 수 있습니다.

릴리즈 계획과 스프린트 계획은 다르게 적용될 수 있습니다.

릴리즈(Release)

- 사용자가 테스트 할 수 있도록 기능을 배포하는 과정을 릴리즈 라고 합니다.

스프린트(Sprint)

- 개발팀이 일정 기간 동안 작업할 기능을 정해 개발하는 과정을 스프린트라고 합니다.

릴리즈 계획은 스프린트 계획과 별개로 수립되어야 합니다. 기능을 배포하기 전, 테스트 및 오류 수정 작업이 필요하기 때문에 개발 팀과 릴리즈 일정에 대해 사전 합의가 필수적입니다. 이 모든 논의의 핵심은 모든 이해관계자가 프로젝트 진행 상황, 작업 내용, 일정에 대해 명확한 기대치를 가질 수 있도록 하는 것입니다.

QA계획(QA Plan)은 왜 필요할까?

●

혹시 "QA는 왜 필요할까요?"라고 생각해 보셨나요? 만약 개발자가 AI 로봇이라면, 완벽한 코드를 기대할 수도 있겠죠, 하지만 현실에서는 사람이 코드를 작성하기 때문에 실수는 불가피합니다.

QA의 역할은 백로그에 정의된 기능이 정확하게 동작하는지 테스트하는 것입니다. 완료(Done)상태로 인정받기 위한 기준(=수락 기준,Acceptance Criteria)을 정의합니다. 예를 들어, 벽돌로 5M높이의 흰색 벽을 만들기로 했다면 QA 계획은 아래와 같이 세울 수 있습니다.

– 벽이 5M높이의 수직으로 서 있는가?(수평계로 확인할 것)

– 벽이 견고하고 안정적인가?(몇 N의 힘으로 테스트할지 정의할 것)

– 흰색 석고가 제대로 발라졌는가?(칼라테스트를 통해 색상코드가 일치하는지 확인할 것)

만약 이러한 조건을 만족하지 못하면 QA 엔지니어가 "이 벽은 기준을 충족하지 않습니다."라고 보고해야 합니다. 소프트웨어도 마찬가지입니다. 테스트를 진행할 때, 백로그를 기반으로 테스트 케이스 (Test Cases)를 작성합니다. 그럼 QA 계획에는 어떤 테스트가 포함될까요? QA 계획을 세울 때는 어떤 유형의 테스트를 수행할지 명확히 정의해야 합니다.

- 수동 테스트(Manual Testing)
- 통합 테스트(Integration Testing)
- 회귀 테스트(Regression Testing)
- 성능 테스트(Performance Testing)

또한, 각 테스트의 허용 기준(Acceptance Limits)도 사전에 정의해야 합니다.

혹시 '테스트 환경'이란 말이 생소하게 느껴지시나요? 예를 들어, 새로운 안드로이드 앱을 개발했다고 가정해봅시다. 그런데, 모든 모바일 기기에서 테스트하는 것이 가능할까요? 현실적으로, 수많은 기기와 OS버전을 모두 테스트하는 것은 불가능합니다. 따라서, 가용한 자원을 고려하여 테스트 환경을 사전에 정의하는 것이 중요합니다. 그러나 QA 엔지니어에게 모든 조건을 테스트하라고 요구하는 것은 비현실적입니다. 지금까지 모든 자료를 준비하는데 시간이 걸릴수 있다는 점은 잘 알고 있습니다. 하지만 생각해보시죠. 우리가 만들려는 것은 항상 오류가 발생하는 서비스가 아니잖아요? 단순히 한 번 시험 삼아 만들어보는 것이라면 이런 과정이 필요 없을 수도 있습니다.

User Story id	Test Case ID	Acceptance Criteria	Module	Category	Feature Description -Entity	U
US 01	TC 01	Can I see a brand image for the application in my mobile?	Application	Signin	Verify whether brand image of KyoSync application appears on mobile as an icon	M
US 01	TC 02	Can I click the icon to proceed with the application?	Application	Signin	Verify whether users can click the brand image icon of the KyoSync application to proceed with the application	M
US 03	TC 03	Can I log in to KyoSync application via face recognition easily?	Sign in	Login Page	Verify whether the user can log in to the KyoSync application easily using face recognition.	M
US 03	TC 04	Can I log in to KyoSync application via valid credentials easily?	Sign in	Login Page	Verify whether the user can log in to the KyoSync application easily using login credentials	M

- 한 스프린트에 대한 테스트케이스 시트

개발, 그렇게 하는게 아닌데?

Prerequisite (what should be fullfilled prior process)	Test Case	Expected Result (what is the out come desired)	Comment
1. The mobile application is installed and accessible on the user's mobile device. 2. The user's mobile device is connected to the internet.	1. KyoSync application can be downloaded and installed in any mobile device. 2. Upon installation it appears as an icon on mobile panel. 3. User can open the application by clicking this icon.	Brand image of KyoSync appears as an icon on mobile device and a user can click on this icon for usage purposes	
1. The mobile application is installed and accessible on the user's mobile device. 2. The user's mobile device is connected to the internet.	1.Locate the brand image icon of the KyoSync application on the mobile device's panel. 2.Click on the brand image icon	The KyoSync application should open and proceed to the application's splash screen when the brand image icon is clicked	
1.The KyoSync application is installed and accessible on the user's mobile device. 2. The user's mobile device is connected to the internet. 3.The user has previously provided their facial data to the KyoSync application. 4.The user is currently logged out from the KyoSync application	1.Open the KyoSync application on the mobile device. Click on the "Sign In" option. 2.Verify that an option to scan the user's face appears. 3.Use the device's camera to scan the user's face for recognition. 4.After successful face recognition, verify that the user is directed to the main page of the KyoSync application.	The user should be able to log in to the KyoSync application easily using the face recognition process, and after successful recognition, they should be redirected to the main page without any issues.	
1.The KyoSync application is installed and accessible on the user's mobile device. 2. The user's mobile device is connected to the internet. 3.The users should have already registered themselves. 4.The user is currently logged out from the KyoSync application	1.Open the KyoSync application on the mobile device. 2.Click on the "Sign In" option. 3.Entering the valid login credentials of that user 4.After successful Login, verify that the user is directed to the main page of the KyoSync application.	The user should be able to log in to the KyoSync application easily using valid credentials, and after successful login, they should be redirected to the main page without any issues.	

하지만 상업적으로 활용할 제품을 개발하려면 반드시 철저한 계획이 필요합니다. 대부분의 소프트웨어 개발 프로젝트에서는 전체 개발 시간의 50~60%가 요구사항 수집과 기획 단계에 사용됩니다. 이 점을 계속 강조하고 싶지만, 이 책을 마무리해야 하니 이제 개발 단계로 넘어가 보겠습니다. 개발 단계에서 어떤 좋은 개발 관행들이 품질 높은 결과물을 보장하는지 살펴보겠습니다.

개발

Development

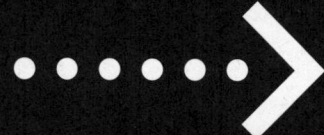

개발

개발을 시작하기 전에 몇 가지 기대치를 먼저 설정하고 가면 좋겠습니다. 먼저, 기본적인 기술 용어는 사용해야 합니다. 이는 제품과 서비스 관계자로서 반드시 알아야 할 최소한의 개념입니다. 하지만, 너무 복잡한 코드의 기술적인 내용을 깊이 있게 설명하지는 않을 것입니다. 최대한 쉽게 설명하여 "소프트웨어 개발은 특정한 재능을 타고난 사람만 할 수 있다"는 오해를 없애고자 합니다.

먼저 "코드는 개발자만 이해하면 된다"라는 오해를 바로 잡고 싶습니다. 만약 개발자나 외주 개발 업체가 이렇게 말한다면, 그들은 대학에서 '도메인 주도 설계(Domain-Driven Design, DDD)' 수업을 놓쳤을 가능성이 큽니다. DDD는 전 세계적으로 널리 사용되는 방법론으로 "유비쿼터스 언어(Ubiquitous Language)", 즉 모든 사람이 공통으로 이해할 수 있는 용어를 사용해야 한다는 원칙을 제시합니다. 이 개념을 쉽게 설명하자면, 코드에서 사용되는 함수명이나 클래스명이 직관적이어야 하며, 도메인 전문가(즉, 비개발자)도 그 기능을 이해할 수 있어야 한다는 것입니다. 이렇게 작성된 코드라면, "이 코드가 무슨 역할을 하는 거죠?"라고 묻지 않아도 쉽게 내용을 파악할 수 있습니다.

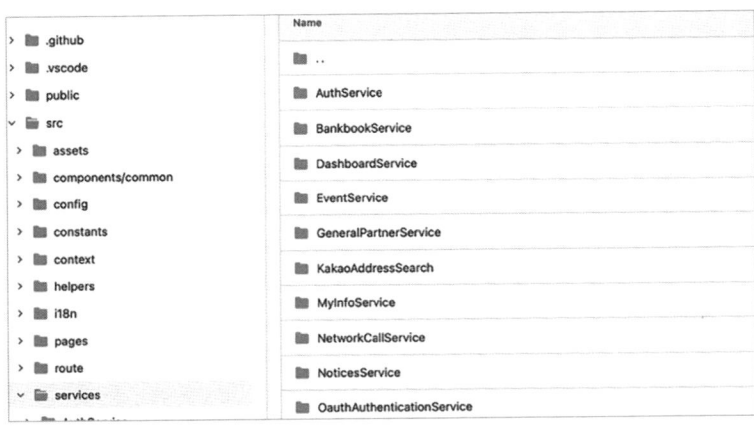

- **Github에서 본 정리된 코드**

관리자로서 또는 의뢰인으로서 코드 품질을 간단하게 확인하는 방법을 몇 가지 소개하겠습니다.

- 프로젝트가 잘 모듈화(Modularized)되어 있는가 확인이 필요합니다. 좋은 프로젝트라면 하나의 거대한 코드 덩어리가 아니라 여러 개의 작은 모듈로 나뉘어 있게 마련입니다.

- 코드에 주석(Comment)이 잘 달려 있는가 확인이 필요합니다. 각

개발, 그렇게 하는게 아닌데?

함수나 클래스가 어떤 역할을 하는지 쉽게 이해할 수 있도록 주석이 있어야 합니다.

– 쓸데없는 코드(예: 주석 처리된 오래된 코드)가 많은가 확인이 필요합니다. 불필요한 코드가 많다면 유지보수가 어려워질 수 있습니다.

물론, 더 깊이 들어가면 응집도(Cohesiveness), 사이클로매틱 복잡도(Cyclomatic Complexity) 같은 전문적인 코드 품질 지표도 있지만, 이를 이해하려면 어느 정도 기술적인 지식이 필요합니다. 따라서, 기본적으로는 코드의 구조를 살펴보고, 개발자에게 "이 코드가 어떤 역할을 하나요?"라고 질문하는 것만으로도 어느 정도 코드 품질을 판단할 수 있습니다. 그리고 요즘에는 세상이 좋아져서 비개발자라도 ChatGPT나 다른 생성형 AI 도구를 활용해 코드의 의미를 파악할 수 있습니다. 하지만 여기서 중요한 점은 절대 전체 코드베이스를 통째로 AI에게 업로드하지 말아야 한다는 것입니다. 생성형 AI는 업로드된 데이터를 학습할 가능성이 있기 때문에, 코드베이스 자체가 유출될 위험이 있습니다. 따라서, 특정 함수나 클래스 일부만 복사해서 AI에게 물어보는 것이 좋습니다. 개발 지식이 없다고 해서 코드 리뷰를 포기할 필요는 없습니다. 요즘 사용하는 대부분의 고급 프로그래밍 언어(High- Level Programming Languages)는 사람도 쉽게 읽을 수 있도록 설계되어 있기 때문입니다.

저는 위에서 GitHub에 대해서 언급했습니다. 이제 여러분은

"GitHub가 뭐야?"라고 궁금해할 것 같습니다.

GitHuB란?

•

　앞서 우리는 프로젝트 관리 방법론과 비기술적인 배경을 가진 사람도 프로젝트를 이해하는 것이 얼마나 중요한지에 대해 이야기했습니다. 이제 또 하나 중요한 개념을 알아볼 차례입니다. 바로 버전관리(Version Control)입니다. 이는 프로젝트를 체계적으로 정리하고, 안전하게 보호하며, 원활하게 진행되도록 돕는 필수 도구입니다. 혹시 "ChatGPT에게 코드 전체를 설명해 달라고 하면 되지 않을까?"라고 생각할 수도 있지만, 그렇게 하면 프로젝트가 복잡해지고 엉망이 될 가능성이 큽니다. 하지만 버전관리의 핵심원리를 이해하는 것은 생각보다 쉽습니다. 버전관리에 대해 쉽게 설명하기 위해 소설로 예를 들어보겠습니다.

　한 번 소설을 쓰는 상황을 떠올려 봅시다. 초안을 작성하고, 수정하며, 캐릭터를 발전시키고, 플롯을 추가하는 과정에서 실수로 중요한 한 챕터를 삭제했다고 가정하겠습니다. 아마 그 소설을 읽게 되는 독자는 혼란에 빠지게 될 것입니다. 버전 관리는 이전 버전의 모든 변경 사항을 기록하고 저장해 두는 시스템입니다. 덕분에 특정 버전으로 되돌아가거나, 서로 다른 버전의 장점을 합칠 수도 있습니다. 혹시 Microsoft Word의 변경 사항 추적(Track Changes)기능을 사용해

본 적이 있나요? 이 기능이 바로 간단한 버전관리의 한 형태입니다. 하지만 많은 사람들이 이 기능을 사용하기보다는 파일 이름을 바꿔가며 저장하곤 합니다. 이것도 일종의 버전관리 방식이지만, GitHub를 활용하면 훨씬 체계적이고 효율적인 방식으로 관리할 수 있습니다.

GitHub를 소개하기 위해 버전관리에 대해 설명했는데요. GitHub는 버전관리 시스템인 Git을 기반으로 한 플랫폼입니다. GitHub를 쉽게 설명하자면, 프로젝트의 다양한 버전을 안전하게 저장하고 관리하는 온라인 저장소라고 할 수 있습니다. 이곳에서는 파일을 업로드하고, 변경사항을 추적하며, 팀원들과 원활하게 협업할 수 있습니다. 또한 프로젝트를 공개할 수도 있고, 필요에 따라 비공개로 유지할 수도 있습니다. GitHub에는 다양한 기능이 있지만, 이 책에서는 가장 중요한 버전관리 기능에 집중해보겠습니다.

GitHub를 사용하면 무엇이 좋을까요?

첫 번째로 안전망 역할을 합니다. 중요한 파일을 실수로 삭제하거나 덮어쓴 적이 있을 것입니다. GitHub는 모든 변경사항을 기록해 두므로 언제든 이전 상태로 되돌릴 수 있습니다. 실수로 삭제된 파일도 되살릴 수 있어 프로젝트의 안전성을 보장합니다. 그리고 팀원들이 실수로 잘못된 코드나 문서를 수정해도, 언제든 이전 버전으로 복구할 수 있습니다.

두 번째로 팀원 간 협업이 쉬워집니다. 여러 명이 동시에 작업할 때, 서로의 작업을 방해하지 않고 원활하게 진행할 수 있습니다. 누가 언제 어떤 부분을 수정했는지 명확하게 기록되므로, 불필요한 혼선이 줄어듭니다. 문서나 코드가 덮어씌워지는 실수를 방지할 수 있습니다.

세 번째로 프로젝트의 진행 과정을 추적할 수 있습니다. 프로젝트가 처음 구상된 단계에서부터 최종 버전에 이르기까지 모든 수정 내역이 기록됩니다. 어떤 이유로 특정 기능이 추가되거나 삭제되었는지 히스토리를 확인할 수 있습니다. 향후 의사결정에도 큰 도움이 됩니다. 시간이 지나도 프로젝트가 어떻게 발전해왔는지 한눈에 파악할 수 있기 때문입니다.

네 번째로 투명한 커뮤니케이션이 가능합니다. 특정 버전의 파일을 기준으로 논의할 수 있어 팀원들 간 오해가 줄어듭니다. 변경사항을 문서로 남길 수 있어 '누가 언제 무엇을 수정했는지'를 명확하게 확인할 수 있습니다.

마지막으로 생산성이 향상됩니다. 문제가 생겼을 때 신속하게 해결할 수 있어 불필요한 시간 낭비를 줄일 수 있습니다. 특정 기능을 테스트한 후 문제가 없으면 정식 버전에 반영할 수 있기 때문에 업무의 효율성이 높아집니다.

GitHub를 사용해야 하는 또 다른 이유는 GitHub를 사용할 때, 회사 계정을 만들어 모든 코드가 회사 계정에 저장되도록 설정하기 때문입니다. 개발자들은 프로젝트를 맡고 떠날 수 있지만, 코드 베이스

개발, 그렇게 하는게 아닌데?

(소스 코드)는 회사의 자산입니다. 따라서 코드가 개인 계정이 아니라 회사 소유의 저장소에 저장되어야 합니다.

비기술적인 입장에서 버전관리가 잘 이루어지고 있는지 확인하는 방법을 알아보겠습니다. 버전관리가 잘 되고 있는지는 아래와 같은 요소들을 체크해 보면 알 수 있습니다.

- 팀이 Git 같은 버전 관리 시스템을 사용하고 있는가 체크해 볼 수 있습니다. Git은 업계 표준이며, 이를 사용하고 있다는 것은 프로젝트가 체계적으로 관리되고 있다는 신호입니다.

- 과거 버전의 파일을 쉽게 확인할 수 있는가 체크해 볼 수 있습니다. 과거 버전으로 쉽게 되돌릴 수 있어야 합니다. 만약 같은 버그가 반복해서 발생한다면, 버전관리가 제대로 이루어지지 않고 있을 가능성이 높습니다.

- 팀원들이 변경 사항을 병합(Merge)할 때 체계적인 프로세스를 따르는가 체크해 볼 수 있습니다. 코드나 문서를 병합할 때, 충돌(Conflict)이 발생하지 않도록 사전에 조율하고 있는지 확인하세요. 코드 리뷰를 거쳐야 병합할 수 있도록 프로세스를 설정하는 것이 이상적입니다.

브랜치(Branch)란?

•

　메인 프로젝트를 그대로 두고, 별도로 새로운 기능을 개발하거나 버그를 수정하는 공간입니다. 즉, 기존 코드에 영향을 주지 않고 새로운 기능을 테스트 할 수 있는 환경을 제공하는 것입니다. 이 개념을 쉽게 설명하기 위해 소설을 예로 들어보면, 소설을 쓰다가 다른 결말을 시도해 보고 싶을 때, 기존 원고는 그대로 두고 새로운 버전을 만들어 보는 것과 같습니다. 새로운 결말이 더 좋다면, 원래 이야기와 합치면 되고, 별로라면 그냥 삭제하면 되기 때문에, 기존 원고는 영향을 받지 않습니다.

　프로젝트를 운영할 때, 최소한 테스트용 브랜치와 실제 서비스용 브랜치 두 개를 유지하는 것이 좋습니다. 테스트 브랜치의 새로운 기능을 실험하고 검토하는 공간으로 두고 운영 브랜치는 사용자에게 제공되는 최종 버전을 배포하여 운영하는 것입니다.

　브랜치를 잘 관리하는 방법은 브랜치 이름을 명확하게 정하는 것입니다. 예를 들면, feature/e-commerce-checkout, bugfix/login-error 등 이렇게 하면, 각 브랜치의 목적이 명확해져 개발자들이 쉽게 이해할 수 있습니다. 테스트가 완료된 기능만 운영 브랜치로 반영해야 합니다. AWS Amplify같은 서비스를 사용하면 여러 브랜치를 연결해 테스트할 수도 있습니다. 다시 한번 정리하면 GitHub는 단순한 코드 저장소가 아니라, 프로젝트의 흐름을 관리하고 팀원 간 협업을 원활하게 해주는 강력한 도구입니다. 비 전문가라도 위에서 언급한 체크리스트를 활용하면 프로젝트가 제대로 관리되고 있는지 쉽게 확인할 수 있습니다.

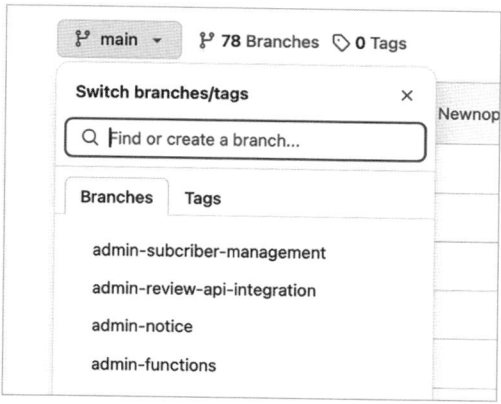

- **GitHub 브랜치 스냅샷**

브랜치의 중요성과 효과적인 버전 관리 방법

●

브랜치를 활용하는 데 있어서 가장 큰 장점은 독립성입니다. 각 브랜치는 메인 코드(보통 "마스터"또는 "트렁크"브랜치라고 합니다.)에 직접적인 영향을 주지 않고, 안전하게 새로운 기능을 개발하거나 버그를 수정할 수 있습니다. 즉, 브랜치는 실험을 하고 수정할 수 있는 별도의 작업 공간입니다. 메인 코드에 영향을 주지 않기 때문에, 완전히 테스트 되지 않은 기능이나 오류가 포함된 코드가 실수로 포함되는 것을 방지할 수 있습니다. 하나의 브랜치에서 너무 많은 작업을 하면 관리가 어려워질 수 있습니다. 따라서, 브랜치를 사용할 때는 작은 단위로 작업하는 것이 중요합니다.

예를 들어, 집을 짓는다고 가정해보겠습니다. 한 번에 지붕까지 올리는 것이 아니라, 기초 ➡ 벽 ➡ 지붕 순서로 나누어 작업하는 것이 더 효율적입니다. 이처럼, 코드를 개발할 때도 기능 단위로 나누어 작은 브랜치를 만들어 작업하면, 진행 상황을 쉽게 추적할 수 있고, 문제가 발생했을 때 빠르게 해결할 수 있습니다. 브랜치는 영원히 독립적으로 존재하는 것이 아닙니다. 작업이 끝나면 반드시 코드 리뷰를 거쳐 메인 코드에 병합해야 합니다. 이 과정에서 다른 개발자들이 변경된 내용을 검토하고 피드백을 주기 때문에 품질을 높일 수 있습니다. 마치 제품을 출시하기 전에 품질 검사를 하는 것과 같은 과정입니다. 브랜치는 너무 오래 유지하지 않는 것이 좋습니다. 작업이 완료되면 병합한 후 삭제하는 것이 일반적입니다. 집을 지을 때도 공사가 끝난 후에는 비계(작업용 철골 구조물)를 치우듯이, 불필요한 브랜치를 정리하면 프로젝트 히스토리를 더 깔끔하게 유지할 수 있습니다.

결론적으로, 브랜치를 적절히 활용하면 프로젝트를 체계적이고 효율적으로 관리할 수 있습니다. 잘 정리된 브랜치 관리 체계는 마치 잘 가꿔진 정원과 같습니다. 불필요한 가지를 잘라내고, 적절한 시기에 새로운 가지를 키워야 아름답고 건강한 프로젝트가 될 수 있습니다.

개발자가 사용하는 기본 용어

**Basic Terms Used
by Developers**

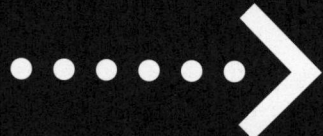

개발자가 사용하는 기본 용어

GitHub와 같은 버전 관리 시스템을 사용할 때, 개발자들이 자주 사용하는 기본 용어를 알면 개발자들과의 소통이 훨씬 원활해집니다.

커밋(Commit)과 커밋 메시지(Commit Message)

'커밋'은 특정 브랜치에서 코드에 변경을 가한 후 저장하는 행위를 의미합니다. 이때, 변경 사항을 설명하는 '커밋 메시지'를 작성하는 것이 일반적입니다. 쉽게 말해, 커밋 메시지는 개발 과정에서 남기는 짧은 일기와 같습니다. 좋은 커밋 메시지는 프로젝트 히스토리를 쉽게 이해할 수 있도록 도와주며, 나중에 코드 변경 사항을 추적하는 데도 유용합니다. 커밋은 가능한 자주 하는 것이 좋습니다. 예를 들어, 소설을 한꺼번에 완성하고 저장하는 것보다, 챕터 단위로 저장해 두면 중간에 문제가 생겼을 때 쉽게 찾아 고치거나 첨삭을 할 수 있는 것과 같은 원리입니다.

풀 리퀘스트(Pull Request, PR)

팀원들과 협업할 때는 '풀 리퀘스트'를 사용하여 변경 사항을 메인 코드에 반영하도록 요청합니다. 일반적인 과정은 다음과 같습니다.

❶ 새로운 브랜치를 만들어 작업한다.

❷ 변경사항을 적용하고 커밋한다.

❸ 풀 리퀘스트를 생성해 팀원들에게 검토를 요청한다.

❹ 코드 리뷰 후 승인되면 메인 코드에 병합한다.

풀 리퀘스트는 단순한 코드 변경 요청이 아니라, 팀원들과 소통하며 코드 품질을 높이는 중요한 과정입니다.

개발팀의 성과를 평가하는 방법

•

비 개발자의 입장에서 직접 코드를 작성하거나 기술적인 문제를 해결하는 것은 어려울 수 있습니다. 하지만, 개발팀의 성과를 평가하고 관리하는 것은 가능합니다. 예를 들어, 자동차 경주팀을 운영한다고 가정해봅시다. 단순히 연료를 채운다고 차가 빨리 달리는 것은 아닙니다. 속도, 연비, 랩 타임 등을 분석해 성능을 평가해야 합니다. 마찬가지로, 개발팀의 성과를 측정할 수 있는 몇 가지 지표가 있습니다.

리드 타임(Lead Time)

리드 타임은 하나의 기능(예: 유저 로그인 기능)을 개발하는 데 걸리는 시간을 의미합니다. 예를 들어, 보통 1주일이 걸리던 기능 개발이 갑자기 2주일로 늘어났다면, 팀에 문제가 있는지 점검해야 합니다. 이런 경우 예상보다 어려운 기술적 문제가 발생했을 수도 있습니다. 또 팀원 수가 부족할 수도 있습니다. 마지막으로 작업 범위가 늘어났을 수도 있습니다. 리드타임이 일정하게 유지되는 것이 이상적이며, 급격한 변화가 있다면 원인을 분석해야 합니다.

처리량(Throughput)

처리량은 일정 기간 동안 완료된 기능의 개수를 의미합니다. 예를 들어, 한 주에 10개의 기능을 개발하던 팀이 갑자기 5개만 개발한다면, 어떤 문제가 있는지 확인해야 합니다. 반대로, 갑자기 20개로 늘어난다면 품질이 떨어질 가능성이 있습니다.

결함률(Defect Rate)

개발된 기능 중 오류가 발생한 비율을 의미합니다. 버그가 자주 발생한다면, 코드 리뷰 과정이 부족하거나, 테스트 과정이 미흡할 가능성이 있습니다. 결함률을 낮추려면 코드 리뷰 및 테스트를 강화해야 합니다.

코드 스멜(Code Smell)

코드 스멜은 코드의 품질이 낮거나 유지보수가 어려운 경우를 의미합니다. 너무 복잡한 함수, 반복되는 코드, 가독성이 떨어지는 변수명 등 이런 문제들이 많다면, 코드 리팩토링(코드 구조 개선)이 필요할 수 있습니다. SonarQube(코드 품질 테스트 하는 툴 이름) 같은 툴을 사용하면 코드 품질을 자동으로 분석할 수도 있습니다.

팀의 사기(Morale) 관리

개발팀의 사기가 높으면 생산성이 올라갑니다. 하지만 무리한 일정과 과도한 업무량은 사기를 저하시킬 수 있습니다. 따라서, 현실적인 목표를 설정하는 것이 중요합니다. 예를 들어 "2개월 만에 복잡한 시스템을 개발해!"와 같은 비현실적인 목표는 피해야 합니다. S.M.A.R.T목표(Specific, Measurable, Achievable, Relevant, Time-bound)원칙에 따라 구체적이고, 측정 가능하며, 달성할 수 있고, 현실적이며, 기한이 정해진 목표를 설정하는 것이 중요합니다.

기술역량(Technical Skills)평가

개발자의 기술력을 평가할 때는 기술의 깊이와 기술의 폭에 대해 살펴봐야 합니다. 기술의 깊이는 특정 기술에 대한 전문성이 얼마나 깊은가 입니다. 예를 들어 React 개발자가 상태 관리 개념을 잘 이해하고 있는가와 같은 것을 확인해야 합니다. 기술의 폭은 다양한 기술을 활용해 최적의 아키텍처를 설계할 수 있는가에 달려 있습니다. 예를 들어 IoT 시스템을 개발할 때, 가장 적합한 데이터 처리 방식을

개발, 그렇게 하는게 아닌데?

선택할 수 있는가가 핵심 질문이 돼야 합니다. 기술의 폭에 대해서 더욱 깊게 알아보겠습니다. 시스템을 개발할 때 시스템 특성에 따라 아키텍처 특성에 대해 다양한 도메인 전문 지식을 보유해야 합니다. 센서 데이터를 DB로 전송하는 IoT시스템을 구축한다고 가정하면. 대기열 시스템으로도 구축이 가능하고, Post-Subscribe 방식으로도 구축이 가능합니다.

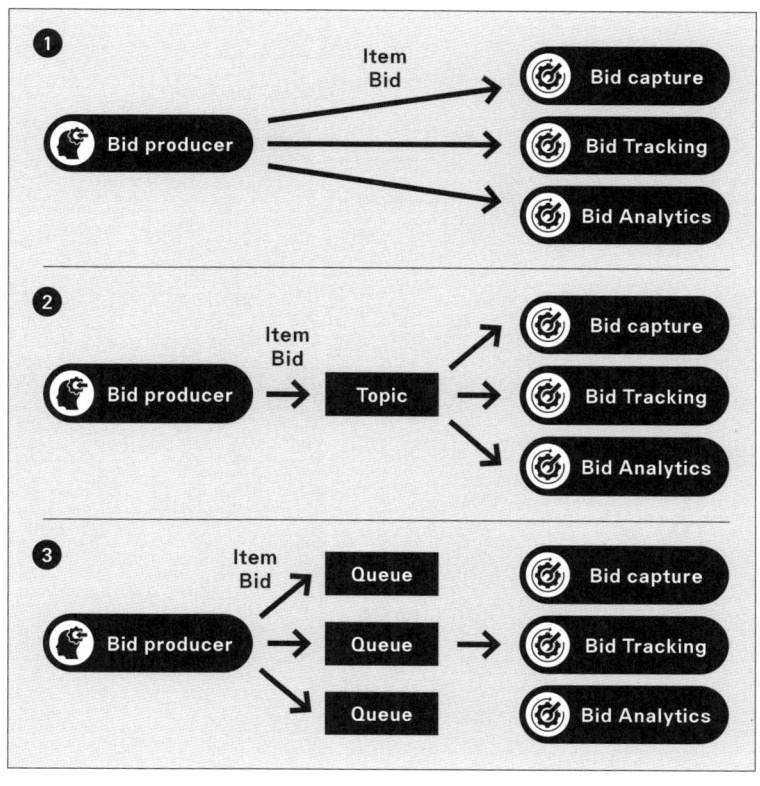

그림 첫 번째 이미지는 입찰 프로세스를 만든다고 가정했을 때, 두 번째 이미지와 세 번째 이미지는 방법론을 설명한 자료입니다. 다양한 경험을 보유한 아키텍처는 요구사항을 분석하고 시스템에 필요한 특성을 기반으로 여러 솔루션을 제공합니다.

내부적/외부적 소통과 협업

•

이 부분은 뉴놉에서도 항상 부딪히는 어려움중 하나이며, 저희도 꾸준히 개선해 나가고 있는 영역입니다. 소통 수단이나 프로젝트 관리 툴은 다양하게 존재하지만, 담당자에 따라 소통에 몇 가지 어려움이 있습니다. 예를 들어, 전화 통화나 SNS로 소통하는 것이 편하지만, 대화 내용을 기록하고 추적하기는 어렵습니다. 통화나 SNS로 중요한 이야기가 오간 뒤에는 이메일로 결정된 내용을 다시 정리해 보내는 것이 좋은 습관입니다. 소통과 협업을 위해 많은 업체에서 사용하는 방법은 애자일 방식입니다. 애자일 방식으로 운영되는 프로젝트에는 아래와 같은 회의들이 정기적으로 진행됩니다.

- 프로젝트 킥오프(Kickoff)

- 스프린트 계획 회의(Sprint Planning)

- 사용자 인수 테스트(UAT)

- 스프린트 회고(Sprint Retrospective)

- 데일리 스크럼(Daily Scrum)

- 주간 거버넌스 미팅(Weekly Governance Meeting)

이 중에서도 '주간 거버넌스 미팅'은 매우 유용한 회의입니다. 이 회의에서는 이해관계자에게 진행 상황, 위험 요소, 의존 관계를 전달하고 논의할 수 있습니다. 이런 과정은 JIRA와 Confluence 같은 툴을 통해 관리할 수도 있고, 엑셀을 활용해도 충분히 구현할 수 있습니다.

다음 페이지에 있는 표는 엑셀로 구성한 간트차트입니다. 이 차트를 통해 프로젝트의 진행 상황을 한눈에 확인할 수 있습니다. 원래는 색상으로 표시하는데 ▲, ■, ●로 표시하겠습니다. 이를 RAG 상태표(RAG Status)라고 부릅니다.

- ▲ Triangle(세모) : 일정 지연 발생
- ■ Square(네모) : 지연 위험 있음
- ● Circle(원형) : 정상 진행 중

이런 방식은 프로젝트를 시각적으로 표현할 수 있어, 이해관계자들에게 현재 상황을 명확하게 전달하는 데 매우 효과적입니다. 엑셀 시트에는 위험요소(Risk) 발생 가능성과 영향을 함께 표시하고 어떤 작업이 어떤 요소에 의존하고 있는지 명확하게 표시하는 의존관계(Dependencies)에 대해 추가하면 좋습니다. 이 정보를 기반으로 실행 항목(Action Items)을 도출하여, 담당자에게 명확히 할당할 수 있습니다. 이렇게 하면 책임소재가 명확해지고, 프로젝트 흐름에 문제가 생기지 않도록 관리할 수 있습니다.

Sprint ID	Activities	Status (RAG)	14-Aug	21-Aug	28-Aug	4-Sep	11-Sep	18-Sep
			Sprint 0				Sprint 1	
0	Define Phase 1 backlog	● Completed						
0	Story ellaboration to reach RCI >3	● Completed						
0	Prioratize Phase 1 backlog	● Completed						
0	Technical infrastructure setup	● Completed						
0	Design Wireframes on backlog	● Completed						
1	Design & UX	● Completed						
1	UI & BE development	▲ In Progress						
1	Test case designing	● Completed						
1	Testing & Sign off	■ partially in progress						
2	Design & UX	● Completed						
2	UI & BE development	▲ In Progress						
2	Test case designing	● Completed						
2	Testing & Sign off	■ Pending						
1 & 2	UAT Demo	■ Pending						
1 & 2	Go Live - Production	■ Pending						
3	Design & UX	● Completed						
3	UI & BE development	■ Pending						
3	Test case designing	■ Pending						
3	Testing & Sign off	Yet to start						
4	Design & UX	In Progress						
4	UI & BE development	Yet to start						
4	Test case designing	Yet to start						
4	Testing & Sign off	Yet to start						
3 & 4	UAT Demo	Yet to start						
3 & 4	Go Live - Production	Yet to start						

- 간트차트

Sprint ID	Item	Status	Required By	
Sprint 0	Dependency of Finalizing high level architecture designs for HLD Completion	Completed	Janith	
Sprint 0	Finalization of wireframes (login pages for user-mobile, admins, and super admins)	Completed	Janith	
Sprint 1	Dependency with mobile FE team, mobile FE intergration tasks completion due to identified knowledge gaps.	Completed	Janith	
Sprint 1	Dependency with mobile FE team, mobile FE tasks completion due to identified resource constraints	Completed	Janith	

#	Action item	Act
1	need to answer the Q&A sheet regarding the user journey.	
2	High-Level Architecture Diagrams	
3	Need complete the backlog for Phase 1 of KyoSync (mobile application & Kiosk user applictaion purview)	
4	Priority finalization & Sprint planning	
5	High level estimation finalization	

- 주간거버넌스 정리 자료 예시

Sprint 2 | Sprint 3 | Sprint 4 | Sprint 5 | Sprint 6

S1 & S2

UAT
P

S3 & S4

S3 & S4

UAT
P

Original ETA	Revised ETA	Impact	Comments
4/9/23	TBD	* High-level estimation * Sprint planning * HLD finalization	* Details preperation is in progress. * Continuous follow-up on item.
4/9/23	4/9/23	* High-level estimation * Sprint planning * HLD finalization	* Details preperation is in progress. * Continuous follow-up on item.
1/9/23	10/10/23	* High-level estimation * Sprint planning * HLD finalization	* Details preperation is in progress. * Continuous follow-up on item.
1/9/23	10/10/23	* High-level estimation * Sprint planning * HLD finalization	* Details preperation is in progress. * Continuous follow-up on item.

Raised Date	Closed date	Status	Tracking Notes
14-8-2023	17-8-2023	Completed	
14-8-2023	25-9-2023	Completed	Pending
5/8/23	1/9/23	Completed	On track
5/8/23	4/9/23	Completed	Planned for 04/09/2023.
5/8/23	4/9/23	Completed	Planned for 04/09/2023.

다시 한번 정리하면 개발팀 또는 개발업체는 반드시 '주간 거버넌스 시트'를 의뢰인과 주기적으로 공유해야 합니다. 여기에는 프로젝트의 상태, 위험요소, 의존관계, 실행 항목과 담당자 등이 포함됩니다. 이 모든 내용을 일주일에 한 번, 엑셀로라도 정리하여 공유하면 프로젝트의 명확성, 속도, 효율성을 모두 향상시킬 수 있습니다.

개발팀을 보유하고 있다면 일일 스크럼 미팅을 진행하면 좋습니다. 매일 10~15분 정도의 짧은 일일 스크럼 미팅을 통해 아래 세 가지를 간단히 공유할 수 있습니다.
- 어제 어떤 작업을 했나요?
- 오늘 어떤 작업을 할 예정인가요?
- 현재 작업을 막고 있는 장애물은 무엇인가요?

만약 개발자가 자신의 작업을 막고 있는 문제가 있다고 한다면, 별도의 회의를 통해 그 문제를 파악하고 해결해주는 것이 중요합니다. 그리고 각 스프린트가 끝난 후에는 회고 회의(Retrospect)를 통해 잘된 점과 개선이 필요한 점을 정리합니다. 잘된 점은 계속 유지하고, 부족했던 점은 다음 스프린트에서 개선해야 합니다. 이것이 바로 애자일방식의 핵심 가치인 지속적인 학습과 개선입니다. 많은 경우, 프로젝트가 잘 진행되면 왜 잘됐는지 분석하지 않고 넘어갑니다. 하지만 무언가 문제가 생기면 그제야 왜 그런 일이 생겼는지 파고들게 됩니다. 이것은 매우 비효율적인 접근입니다. 잘된 이유도 파악해야 다

　개발, 그렇게 하는게 아닌데?

시 재현할 수 있습니다. 그렇지 않으면 그저 운이 좋았던 '행운의 사고'로 남을 뿐이죠. 운이 좋은 순간은 기분 좋고 도파민이 솟구치지만, 우리는 한 번의 행운에만 의존할 수 없습니다. 지속 가능한 개발 문화를 만들기 위해서는 "왜 이런 결과가 나왔는지"에 대한 분석이 반드시 필요합니다.

기술적 배경이 없는 사람이라면, 소프트웨어 개발에 어떤 도구들이 필요한지 잘 모를 수 있습니다. 하지만 모든 프로젝트에 기본적으로 필요한 필수 도구들은 존재합니다. 아래에서 이러한 것들에 대해 하나씩 살펴보도록 하겠습니다.

개발에 꼭 필요한 기본 도구들

● IDE(통합 개발 환경)

소프트웨어가 처음 태어나는 공간이라 할 수 있습니다. IDE는 다양한 기능이 통합된 플랫폼으로, 코드 작성 및 편집, 자동 완성, 디버깅 도구, 프로젝트 구조 관리 등의 기능을 제공합니다. 대표적인 IDE 도구들은 Visual Studio code(vscode), Intellij IDEA, Eclipse 등이 있습니다.

● 버전 관리 시스템(VCS)

앞서 설명한 바와 같이 Git과 같은 버전 관리 시스템은 코드 변경 사항을 모두 기록합니다. 이전 버전으로 되돌리기 가능, 협업에 효과적, 코드 히스토리 확인 기능 등이 가능합니다. GitHub는 가장 널리 사용되는 플랫폼이며, 팀 협업에 최적화된 인터페이스를 제공합니다. 단, 무료 버전은 일부 기능이 제한되어 있어 조직 계정을 구매해야 할 수도 있습니다.

• 프로젝트 관리 툴

복잡한 프로젝트일수록 일정, 작업, 의존관계 관리가 어려워지기 때문에 전용 툴이 필요합니다. 대표적인 툴로는 JIRA, Trello, Flow, Asana가 있습니다. 이 툴들은 작업 생성 및 할당, 진행 상황 추적, 전체 워크플로우 시각화 등의 기능을 제공합니다. Jira는 10명 이하의 소규모 팀에 무료 버전을 제공하지만, Confluence(문서 협업툴)는 유료입니다.

• 테스트 프레임워크

로켓을 테스트 없이 발사하지 않듯, 코드도 배포 전에 테스트가 필수입니다. 개발 단계에서는 단위 테스트(Unit Test)가 특히 중요합니다. 단위 테스트의 목적은 특정 기능이나 함수가 제대로 작동하는지를 확인하는 것입니다. 대표 프레임워크는 Java ➡ JUnit, Swift ➡ XCTest, JavaScript ➡ Jest 등이 있는데, 이 도구들은 자동화된 테스트 실행을 지원하여 테스트 시간을 줄이고 효율성을 높입니다.

• 커뮤니케이션 도구

좋은 커뮤니케이션은 성공적인 팀의 핵심입니다. 특히 분산된 원격 팀에는 Slack, Microsoft Teams 등과 같이 도구가 유용합니다. 주요 기능은 실시간 메시지 및 화상 회의, 파일 공유, 회의 기록 자동 요약(예: Teams의 Co-Pilot 기능) 등이 있습니다. 회의 내용을 기록해두면 나중에 버그 원인 분석이나 문제 해결에 큰 도움이 됩니다.

• API 문서화 도구

API를 개발하거나 사용할 경우, Swagger, Postman 등의 도구가 큰 도움이 됩니다. API 문서화 도구의 기능은 API 문서 자동화, API 테스트, 프론트엔드와 백엔드 간 소통 개선 입니다. Postman의 경우 무료 버전은 최대 3명까지만 협업이 가능하므로, 인원이 많을 경우 매번 수동으로 공유해야 하는 불편함이 있습니다.

• CI/CD 도구

비기술자에겐 다소 생소할 수 있는 개념이지만, 쉽게 설명하자면 과거에는 워터폴 방식으로 소프트웨어를 만들었기 때문에 요구사항이 한번 정해지면 중간에 바꾸기 어려웠습니다. 하지만 애자일 방식에서는 작은 기능 단위로 개발 ➡ 테스트 ➡ 피드백을 반복합니다. 이러한 짧은 사이클을 가능하게 해주는 자동화 시스템이 CI/CD입니다. CI/CD의 주요 도구로는 Jenkins, CircleCI, GitHub Actions(무료 버전은 기능 제한이 있음) 등이 있습니다. 주요 기능으로는 코드 자동 빌드, 테스트 자동 실행, 자동 배포 등이 있습니다.

• 디자인 및 프로토타이핑 도구

UI/UX 디자인이 중요한 프로젝트에 도움이 되는 도구는 Figma, Adobe XD 등이 있습니다. 이 도구들은 인터랙티브한 프로토타입을 만들고 사용자 피드백을 받아 제품 개선에 활용할 수 있습니다. 개발자는 이 프로토타입을 참고해 기능 흐름을 이해하고 작업 속도를 높일 수 있습니다.

지금까지 설명하면서 도구가 많다는 생각이 들었을지도 모릅니다. 도구가 많은데 어떤 것을 써야 하는지 물어보신다면 사실 정답은 없습니다. 우리는 다음과 같이 권고합니다.

- 프로젝트의 범위, 개발에 사용하는 언어, 팀 규모를 분석하세요.
- 팀원들이 이미 익숙한 도구를 선택하세요.
- 예산 내에서 사용할 수 있는 도구를 선택하세요.

도구는 마법이 아닙니다. 진짜 중요한 것은 개발팀을 이끌 준비가 된 리더와 실력 있는 개발팀이며, 도구는 그들의 능력을 돕는 보조장비일 뿐입니다.

지금까지 많은 내용을 다뤘지만, 핵심은 성과를 어떻게 종합적으로 판단하느냐입니다. 예를 들어보면 리드타임이 늘어나고 처리량이 줄어든다거나, 결함률이 높다거나, 팀 사기가 떨어지고 커뮤니케이션에 혼선이 생긴다거나 하는 지표들을 종합적으로 분석하면 문제의 근본 원인을 찾을 수 있습니다. 여기에는 테스트 교육을 더 제공하거나, 개발 도구를 개선하거나, 일정 조정을 통해 팀의 피로도를 줄이는 방법으로 해결책을 마련할 수 있습니다. 성과 지표는 단순히 숫자를 보는 것이 목적이 아닙니다. 그 숫자를 통해 무엇을 개선할 수 있을지 고민하고 실천하는 것, 그것이 바로 진정한 애자일 방법론입니다.

테스트, 테스트 그리고 또 테스트

●

다른 산업 분야에 비해 소프트웨어 분야는 실패 비용이 매우 낮은 편입니다. 그래서 많은 개발자들은 서비스 테스트를 마지막 순간까지 미루거나 QA팀이 알아서 해주기를 기다립니다. 그러나 이것은 정말 잘못된 습관입니다. 건축 분야의 경우 건물을 지을 때 실패의 대가는 사람의 생명입니다. 그래서 수많은 가정을 바탕으로 여러 안전 계수(Safety Factor)를 더하고, 기초가 완성되면 하중 테스트(Load Test)를 통해 구조적 안정성을 검증합니다. 실수의 비용은 수백만, 많게는 수십억 원에 이를 수 있습니다. 왜냐하면 기초를 깔고 난 뒤에야 검증이 가능하기 때문입니다. 반면 소프트웨어 엔지니어는 기능 하나를 테스트하는 데 드는 비용이 0.00001달러도 안됩니다. 그리고 개발 브랜치에서 일어난 오류의 영향도 매우 제한적입니다. 그러니 소프트웨어에서 단위 테스트를 하는 것은 매우 쉽고 저렴합니다. 그런데도 불구하고 왜 이런 모범 규준들이 지켜지지 않는 걸까요?

만약 집을 카드로 짓는다면 어떨까요? 카드로 만든 집이 처음엔 멋져 보일 수도 있습니다. 그러나 조금만 바람이 불어도 무너질 것입니다. 소프트웨어도 마찬가지입니다. 기능을 마구 추가하기 전에 기본 구조가 안정적인지 먼저 확인하는 것이 매우 중요합니다. 이때 사용하는 것이 바로 스모크 테스트(Smoke Testing)와 새니티 테스트(Sanity Testing)입니다. 이 둘은 소프트웨어가 '카드 집'처럼 무너지지 않도록, 초기 단계에서 중대한 결함을 빠르게 발견해주는 역할을 합니다. 전문가가 아니더라도, 이 개념을 이해하면 개발팀의 품질 관리 수준을 평가하고, 프로젝트의 성공 가능성을 높이는 데 큰 도움이 됩니다.

앞서 스모크 테스트라는 것에 대해서 언급하였습니다. 이번에는 스모크 테스트에 대해서 알아보겠습니다. 불이 나기 전에 먼저 연기가 납니다. 스모크 테스트는 기초적인 경고 시스템입니다. 즉 스모크 테스트는 기본적인 핵심 기능이 제대로 작동하는지 빠르게 확인하는 절차입니다. 그럼 왜 스모크 테스트가 중요할까요? 스모크 테스트를 진행하면 치명적인 버그나 충돌을 조기에 발견할 수 있기 때문입니다. 기초가 제대로 되어 있지 않으면 그 위에 기능을 얹어봐야 소용이 없기 때문이지요. 또 스모크 테스트를 진행하면 핵심 문제를 먼저 해결한 후 개발을 진행하기 때문에 막힘없이 개발이 진행되어 시간과 리소스를 절약할 수 있습니다. 그럼 스모크 테스트에서는 어떤 것을 확인할까요? 첫 번째로, 소프트웨어가 정상적으로 설치되는지 확인합니다. 두 번째로, 로그인이 되고, 기본 작업이 수행되고, 로그아웃이 잘 되는지 등 핵심 기능을 확인합니다. 세 번째로, 데이터베이스와의 연결이 원활한가를 알기 위해 DB 연결성을 확인합니다. 마지막으로 다양한 OS나 디바이스에서 제대로 작동하는지 확인합니다.

스모크 테스트를 진행할 때는 기본적인 기능 위주로 빠르게 테스트합니다. 그리고 매 빌드 후 자동으로 실행되게 설정하면 시간을 절약할 수 있습니다. 마지막으로 새로운 기능이 기존 기능을 망가뜨리지는 않는지 확인하는 것입니다.

이번에는 앞서 언급한 새니티 테스트에 대해 알아보겠습니다. 스모크 테스트가 기초적인 경보였다면, 새니티 테스트는 그보다 더 세밀한 검증입니다. 새로 지은 집에서 전등 스위치를 눌렀을 때 불이 실제로 들어오는지, 수도꼭지를 틀면 물이 제대로 나오는지 확인하는 단계라고 생각하시면 됩니다. 새니티 테스트의 목적에 대해서 설명하면, 기능이 제대로 동작하는지, 더 나아가 단순한 작동이 아닌 기대한대로 동작하는지 확인하는 것입니다. 또 최근에 수정되거나 추가된 기능을 집중적으로 검토합니다. 그리고 여러 기능 간의 통합이 잘 이뤄졌는지도 확인합니다. 쉽게 설명하면 사용자가 UI를 따라가며 원하는 작업을 완료할 수 있는지, 기존 기능이 손상되지 않았는지, 다양한 데이터 입력과 형식을 정확히 처리했는지 등등을 확인하는 것입니다. 세니티 테스트를 잘하려면 변경된 기능 중심의 테스트 케이스를 작성해야 합니다. 또 수동 또는 자동화 기능을 프로젝트의 복잡성에 따라 선택하여 테스트 해야 합니다. 결국 새니티 테스트는 지속적인 피드백을 제공하여 테스트 결과를 개발자에게 바로 전달하여 수정 가능하도록 하는 것입니다.

그럼 스모크 테스트와 새니티 테스트는 어떻게 다를까요? 스모크 테스트는 전체 시스템이 작동을 하는지 빠르게 확인하는 것이고, 새니티 테스트는 최근 변경된 기능이 정확하게 작동하는지를 깊이 있게 확인하는 것입니다.

구분	스모크 테스트	새니티 테스트
목적	핵심 기능이 전반적으로 작동하는지 확인	최근 변경 사항의 정확성 검증
범위	넓고 얕음(기본 기능 전체)	좁고 깊음(특정 기능 중심)
실행시기	새로운 빌드 직후	특정 기능이 수정/추가된 후
테스트방법	주로 자동화	수동 또는 자동화 모두 가능
중요한점	시스템 전체의 안정성	기능별 정확성과 기대한 결과

스모크 테스트와 새니티 테스트는 함께할 때 더욱 소프트웨어를 견고하게 만듭니다. 예를 들어 집을 짓는다고 가정해보겠습니다. 스모크 테스트는 건설팀이 기초 공사 후 기초는 튼튼한지, 구조적으로 심각한 문제가 없는지 확인하는 초기 점검 단계와 유사합니다. 반면, 새니티 테스트는 입주 전 마지막 점검으로, 수도, 전기, 조명 등이 제대로 작동하는지 꼼꼼하게 확인하는 절차와 유사합니다. 이 두 테스트는 서로 상호 보완 관계입니다. 스모크 테스트는 큰 문제를 빠르게 찾아내고, 새니티 테스트는 세부 기능이 제대로 동작하는지 확인합니다. 이러한 레이어드 테스트 접근 방식은 더 안정적이고 견고한 소프트웨어 개발의 기반이 됩니다.

개발, 그렇게 하는게 아닌데?

스모크와 새니티 테스트는 기본일 뿐, 테스트의 모든 것은 아닙니다. 품질 보증(QA) 테스트 계획에는 훨씬 다양한 테스트 방식들이 포함되어야 합니다. 일반적으로 기획단계에서 QA플랜을 수립할 때, 어떤 테스트들이 필요한지 함께 정리해 보았습니다. 아래는 실제로 많이 사용되는 주요 테스트 유형들입니다.

테스트 종류	설명
단위 테스트	하나의 기능(함수, 클래스 등)이 제대로 동작하는지 개별적으로 확인합니다.
통합 테스트	서로 다른 모듈 간의 연결 및 상호작용이 문제없이 작동하는지 검증합니다.
성능 테스트	다양한 사용자 수, 데이터양 등에서 소프트웨어의 반응속도와 처리능력을 평가합니다.
사용자 수용 테스트	실제 사용자가 제품을 사용해보며 실사용 관점에서 피드백을 제공합니다.

이러한 다양한 테스트들을 적절히 조합하여 수행하면, 소프트웨어의 기능성, 안정성, 사용자 만족도까지 두루 보장할 수 있습니다. 모래 위에 지은 집은 폭풍우를 이겨낼 수 없습니다. 소프트웨어도 마찬가지입니다. 스모크와 새니티 테스트는 만능은 아니지만 무너지지 않는 제품과 서비스를 만들기 위한 도구입니다.

QA사이클을 단축하기 위해 반드시 필요한 문서가 있습니다. 그것은 바로 릴리즈 노트입니다. 대부분의 경우 QA가 테스트를 진행한 후 버그 리포트를 개발자에게 전달합니다. 하지만 그 전에 릴리즈 노트가 제대로 작성되고 전달된다면 불필요한 반복 테스트나 오해를 줄일 수 있습니다. 개발자가 기능을 QA에게 넘길 때, 어떤 기능이 개발 완료되어 QA가 테스트할 준비가 되었는지, 그리고 이미 알고 있는 문제점이 무엇인지 명확히 정리한 문서입니다.

다시 한번 정리하면 테스트해도 괜찮은 기능과 아직 알고 있는 문제가 있어서 테스트 대상이 아닌 기능을 구분해주는 가이드 역할을 합니다. 만약 릴리즈 노트가 없다면 QA는 이미 개발자가 알고 있는 문제까지 반복해서 리포트하게 되고, 개발자 입장에서는 불필요하게 "그건 원래 알고 있었어요"라는 설명을 반복해야 하는 상황이 벌어지게 될 것입니다.

그럼 릴리즈 노트에 포함되어야 할 것이 무엇인지 정리해보겠습니다. 첫 번째로 이번에 배포하는 릴리즈에서 완료된 기능 목록입니다. 두 번째로 테스트 가능한 사용자 스토리입니다. 세 번째로 알고 있는 이슈 목록입니다. 단, 이런 이슈들은 아주 일부여야 합니다. 특정 라이브러리 업데이트로 인한 오류 등이 해당됩니다. 마지막으로 테스트 환경정보입니다. 테스트 환경정보에는 버전, 브랜치, 배포 위치 등이 포함될 수 있습니다. 릴리즈 노트는 엑셀로 간단한 표로 만들어 쉐어할 수 있습니다. 아래 그림을 참고하시면 좋습니다.

1. Build No - ⟨number / v 0.4⟩

1.1 Feature List

Scenario	Feature	Design Document
US - 72	Terms of the use	
US - 67	Points and coupons	
US - 68	Discount store	
US - 64	Accept new group invitations	
US - 66	Daily attendance	
US - 15	bookmarks	
US - 31	Settings	XD Link
US - 63	Invite members – generate links to invite members	XD Link - Revised Flows Sprint 03 LLD Sprint 02 LLD Sprint 01 LLD
US - 28	Location Information	
US - 65	Daily mission	
US - 69	Location details edit	
US- 52	User withdrawal	
US- 70	Notification preference	
US - 71	All notifications	

1.2 Defects Fixed

Defect No.	Defect description	Fix Type l Comments (Logic, cosmetic , etc.)
US–05– D8 01	Please refer to the Bug report released on 05/04/2024	FE logic
US–63– D22 03A, B	Please refer to the Bug report released on 05/04/2024	Logic
US–05– D09 01	Please refer to the Bug report released on 05/04/2024	Cosmetic

릴리즈 노트에서 발췌

테스트를 시작할 때는 QA담당자가 릴리즈 노트를 받은 후 진행하는 것이 가장 좋습니다. 왜 릴리즈 노트를 받은 후 진행해야 할까요? 그 이유는 릴리즈 노트에는 어떤 기능이 개발되어 테스트할 준비가 되었는지, 그리고 개발자가 이미 인지하고 있는 '알려진 문제점'은 무엇인지 포함되어 있기 때문입니다. 따라서 QA 담당자는 이미 개발자가 인지한 이슈를 다시 테스트해서 리포트하는 수고를 덜 수 있습니다. 이렇게 하면 중복된 커뮤니케이션을 줄이고 보다 실질적인 결함 파악에 집중할 수 있습니다. 테스트가 완료되면 QA담당자는 버그 리포트 또는 결함 보고서를 작성해 팀 전체에 공유해야 합니다. 이 보고서는 QA과정에서 가장 중요한 산출물 중 하나입니다. 이 리포트를 통해 이번 스프린트의 결함률을 계산할 수 있습니다. QA리포트는 단순히 버그가 있다는 것을 알리는데 그치지 않고, 개발자가 문제를 정확하게 재현하고, 신속하게 수정할 수 있도록 도와주는 것이 목적입니다. 많은 의뢰인들이, "이 부분에 버그가 있어요." 정도의 메시지를 보내곤 합니다. 하지만 개발자 입장에서 이 말은 너무 모호하고 단서가 부족합니다. 개발자 눈에 보이지 않는 문제를 고칠 수는 없습니다. 개발자는 신이 아니기 때문에 어떤 상황에서 어떤 동작을 했고, 어떤 화면에서 오류가 발생했는지 정확히 알 수 없습니다. 이런 정보가 없이 그냥 버그가 있다라고만 말하면 오히려 개발자에게는 오해와 스트레스를 유발하고, 반면 의뢰인에게는 "왜 이렇게 버그 수정이 오래 걸려요?"라는 불필요한 논쟁으로 이어질 수 있습니다. 또 환경 차이로 인한 오류도 발생할 수 있습니다. 실제로 버그가 어느 한 기기에서만 발생하는 경우도 많습니다. 예를 들어 Windows 11에서만 문제를 일으킨다거나 브라우저 버전이 오래되어 생긴 호환성 오류라든가, 모바일 OS(iOS17, Android 14 등)에서만 생기는 경우입니다. 이처럼 다양한 환경 변수(OS, 브라우저, 버전, 디바이스 등) 때문에 발생하는 문제는 개발자가 재현하기 어려울 수 있습니다.

앞으로 문제가 생기면 개발자가 문제를 정확히 재현할 수 있도록 아래와 같은 정보를 포함해서 구체적으로 보고해야 합니다.

항목	설명
문제 발생 시점	언제 어떤 기능을 사용하다가 오류가 발생했는지 (예: 회원가입 후 로그인 시도 시 발생)
브라우저/ 기기정보	어떤 기기(PC, 아이폰, 갤럭시 등), 어떤 브라우저(Chrome, Safari 등), 어떤 버전에서 발생했는지
에러 메시지	화면에 나타난 에러 문구가 있다면 그대로 작성
스크린샷/ 화면녹화	가능하다면 캡처나 녹화 영상 첨부 (문제 재현에 도움이 됩니다.)
재현 방법	로그인 화면으로 이동 ➡ 이메일 입력 ➡ 비밀번호 입력 ➡ 로그인 버튼 클릭과 같은 단계적 설명이 필요합니다.

이러한 정보가 포함되어 있다면, 개발자는 문제를 쉽게 파악하고, 더 빠르게 수정할 수 있습니다. 아래 이미지는 실제로 버그 리포트 양식입니다. 업무에 참고하여 운영해보시면 좋습니다.

			Bug Overview	
ID	발생일	요청사항/이슈	Summary	미싱기계

• 샘플 버그 리포트 템플릿

개발, 그렇게 하는게 아닌데?

Screenshot	Severity & Priority				
	위험도	우선순위	답변	지원필요여부	처리결과
	Low	Low			
	Low	Low			
	Medium	Medium			
	High	High			
	Low	Low			
	High	Low			
	Low	Low			
	High	High			

개발자가 사용하는 기본 용어

버그는 어디서부터 시작되었을까요? 발견된 문제는 사용자 스토리와 연결되어야 합니다. 버그 리포트를 보면 알 수 있듯, 모든 버그는 프로젝트 초기에 진행된 디스커버리 단계에서 정리된 사용자 스토리와 연관되어야 합니다. 단순히 "버그가 있어요."라는 말보다는 구체적인 설명이 필요합니다. 예를 들어 "버그 있음" 보다 "버튼을 클릭했을 때, 잘못된 페이지로 이동합니다."와 같이 표현하는게 좋습니다. 또 버그를 발견한 사람이 누구인지 꼭 알아야 하는 건 아니지만, 이 정보를 기록해 두면 QA담당자의 퍼포먼스를 평가하는 데 도움이 됩니다. QA는 최대한 적은 버그가 있는 제품을 제공하는 것을 목표로 하기 때문에 버그를 얼마나 체계적으로 잘 찾았는지는 중요한 평가 기준이 됩니다. 또한 스크린샷은 필수입니다. 버그를 설명할 때는 문제가 발생한 화면을 스크린샷으로 첨부하는 것이 매우 유용합니다. 개발자가 시각적으로 문제를 이해할 수 있어, 해결 속도가 훨씬 빨라지기 때문입니다.

앞서 설명하였듯 개발자가 문제를 재현할 수 있도록 세 가지는 꼭 보고서에 포함되어야 합니다. 첫 번째로 운영체제정보입니다. 운영체제 정보를 예를 들면 windows11, Mac OS Sonoma, Android14 등으로 표현할 수 있습니다. 두 번째로는 플랫폼 정보입니다. 플랫폼 정보를 예를 들면 모바일 앱, 웹 브라우저 등으로 표현할 수 있습니다. 세 번째로는 브라우저 종류 및 버전입니다. 브라우저 종류 및 버전에는 Chrome 121, Safari 17 등으로 표현할 수 있습니다. 이런 정보 없이 "내 컴퓨터에서는 안돼요"라고 말하면 개발자 입장에서는 "내 컴퓨터에서는 돼요"라고 밖에 대응할 수 없습니다. 같은 환경에서 테스트 하지 않으면 버그를 재현하기 어렵기 때문입니다.

　이제 중요한 두 개의 개념을 말씀드리겠습니다. 중요한 두 개의 개념은 Severity(심각도)와 Priority(우선순위)입니다. 심각도는 버그가 시스템에 어떤 영향을 주는지를 나타냅니다. 회사마다 분류 기준은 다를 수 있지만, 이 책에서는 3단계 분류를 기준으로 설명하겠습니다.

등급	설명
High (높음)	소프트웨어의 핵심 기능 또는 주요 가치가 제대로 작동하지 않음 (예: 결제 시스템 오류)
Midium (중간)	핵심은 아니지만 꼭 필요한 기능이 문제 있음 예) 사용자 프로필 사진이 등록되지 않음
Low (낮음)	기능상의 문제는 아니지만 나중에 처리해도 되는 사소한 문제 (예: 맞춤법, 색상 문제)

　비즈니스 담당자나 비전문가가 흔히 사소한 문제를 치명적 버그로 오해 하는 경우가 있습니다. 예를들어 "큰일입니다. 버그가 있어요!"라고 하였는데 실제로는 버튼 색상이 조금 이상한 정도였죠. 그러나 개발자도 이런 비즈니스적 관점의 우려를 이해할 필요가 있습니다. 반대로 비즈니스 팀도 진짜 치명적인 문제가 무엇인지를 이해할 필요가 있습니다. 소프트웨어 업계에서 말하는 '큰 버그'는 Show Stopper라고 합니다. 이는 시스템이 기능 자체를 제공하지 못하게 만드는 치명적 문제를 의미합니다.

QA 과정 중 발견되는 버그는 많고, 개발자가 모든 버그를 한 번에 처리하기는 어렵습니다. 그래서 어떤 문제를 먼저 처리할지 결정하는 기준이 필요합니다. 이게 바로 우선순위의 중요성입니다.

등급	설명
High (높음)	바로 수정되어야 할 버그 (긴급하게 패치가 필요한 경우)
Midium (중간)	중요한 기능이지만, 일정에 따라 조금 늦게 처리해도 되는 버그
Low (낮음)	사용자 경험에는 큰 영향이 없고, 나중에 처리해도 되는 버그

우선순위는 비즈니스의 판단이 중요하며, 모든 이해관계자(개발자, QA, PM 등)가 사전에 이 정의를 고유하고 동의해야 합니다.

만약 이미 수정됐다고 릴리즈 노트에 명시되었는데 QA 테스트에서 같은 버그가 다시 발견되었다면, 이때는 개발자에게 명확히 책임을 물어야 합니다. 이는 QA입장에서도 시간 낭비이며, 개발자 입장에서도 재작업으로 인한 생산성 저하가 발생합니다.

배포(Deployment)&유지보수(Maintenance)

•

소프트웨어를 배포하는 방식은 정말 다양하며, 시스템의 종류나 환경에 따라 크게 달라지기 때문에 이 책에서 일반적으로 설명하기는 어렵습니다. 하지만 만약 당신이 앞으로도 이 시스템을 계속 유지

개발, 그렇게 하는게 아닌데?

보수 할 예정이라면, 개발팀에게 최소한 다음과 같은 문서와 자료들을 반드시 요청해야 합니다.

❶ ENV(Environment)파일은 환경 설정 정보를 담고 있는 구성 파일입니다. ENV 파일에는 데이터베이스 연결 주소, API키, 시크릿 토큰 등 개발, 테스트, 실제 운영환경(프로덕션)마다 설정값이 달라질 수 있기 때문에, 이 정보는 코드와 별도로 관리되어야 하며 GitHub 코드 저장소에는 포함되지 않아야 합니다. 이 파일이 있다면 새로운 개발자가 로컬 환경을 설정하거나 새로운 서버 환경을 구성할 때 훨씬 수월하게 진행할 수 있습니다.

❷ 서버 키(있을 경우)는 보통 보안 통신을 위한 암호화 키를 의미합니다. 암호화 키는 HTTPS를 위한 SSL/TLS 인증서, SSH접속을 위한 키 등이 있습니다. 이 키들은 데이터 통신을 암호화해서 외부에서 가로채거나 조작하지 못하도록 방지합니다. 또 서버 접근 권한을 제한해서 인증된 사용자만 접근할 수 있도록 설정합니다. 따라서 서버 설정 변경이나 유지보수를 하려면 이 키들을 반드시 보관하고 있어야 합니다.

❸ SQL기반이든 NoSQL기반이든, 데이터베이스 구조를 시각적으로 나타낸 문서는 필수입니다. ER(Entity-Relationship)다이어그램은 데이터 간의 관계를 도식화한 것입니다. 그리고 DB스키마는

데이터베이스에 어떤 테이블, 컬럼, 제약 조건 등이 존재하는지를 정의하는 문서입니다. 이 문서를 통해 새로운 개발자나 데이터베이스 관리자(DBA)가 시스템의 데이터 구조를 빠르게 dlo하고 수정할 수 있습니다.

❻ API문서는 개발된 기능(엔드포인트)에 대해 요청/응답 형식, 인증 방식, 호출 예시 등이 포함됩니다. 이 문서는 외부 개발자나 새로 들어온 팀원들이 API를 쉽게 이해하고 활용할 수 있도록 도와줍니다. 또한, API 호출 시 오류를 줄이고 커뮤니케이션 혼선을 방지해 줍니다. 한마디로, API문서는 팀 내외부 누구든지 이 시스템과 어떻게 소통해야 하는가를 알려주는 설명서입니다.

❺ 시스템이 클라우드에 배포된 경우, 어떤 클라우드 서비스가 사용되었고, 어떻게 배치되었는지를 설명하는 아키텍처 문서도 꼭 필요합니다. 예를들어 AWS를 사용하는 경우 프론트엔드는 Amplify, 백엔드는 Elastic Beanstalk, 도메인은 Route 53, 메시징은 AWS SNS 등 여러 서비스가 조합되어 사용될 수 있습니다. 또한, 서버리스 구조를 채택한 경우에는 아키텍처 구성이 전혀 다를 수 있습니다. 그래서 클라우드 환경의 전체 구성도를 시각화한 문서는 시스템을 이해하고 유지보수하기 위한 핵심 자료입니다.

개발, 그렇게 하는게 아닌데?

❻ 코드베이스에 대해서는 앞서 여러 번 언급했기 때문에 간단히 설명하겠습니다. 코드베이스란 개발자들이 작성한 실제 소스 코드 그 자체입니다. 시스템의 핵심이며, 당연히 사업주께서 소유하고 있어야 합니다.

디지털 전환 / 시스템 마이그레이션
(Digital Transformation / System Migration)
•

소프트웨어 개발 세계에서 오래되고 복잡한 레거시시스템은 마치 개발자의 목에 매달린 무거운 돌덩이처럼 느껴질 수 있습니다. 새로운 기능을 추가하는 일은 몸을 비틀며 억지로 끼워 넣는 고역이고, 유지보수는 갈라진 건물 기초를 때우는 것처럼 어렵고 불안합니다. 이럴 땐, 시스템을 새로 만드는 방법(리플레이스)이 매력적으로 보일 수도 있지만, 현실은 그렇게 간단하지 않습니다. 막대한 시간, 비용, 리스크가 따르기 때문에 전면 교체는 비현실적이고, 프로젝트를 망칠 수도 있는 극단적인 선택이 될 수 있습니다. 그래서 등장한 것이 바로 스트랭글러 피그(Strangler Fig)패턴입니다. 이는 점진적이고 통제된 방식으로 기존 시스템을 현대화할 수 있는 전략입니다.

한때는 혁신적이었던 레거시시스템도 시간이 지나면서 발목을 잡는 존재로 변하게 됩니다. 코드는 복잡하게 얽히고, 문서는 사라지고, 새로운 기능 추가는 폭풍 속에서 바늘에 실을 꿰는 듯한 고된 작업이 됩니다. 결국 혁신이 느려지고, 버그 발생 가능성과 보안 취약점도 커집니다.

레거시 시스템을 해결하는 일반적인 방법 중 하나는 기존 시스템을 점진적으로 새로운 플랫폼으로 옮기는 것입니다. 자세히 설명하면 기존 시스템의 일부분을 조심스럽게 잘라내어 새로운 아키텍처로 옮겨가는 방식입니다. 이 방식은 변화의 충격을 줄이고 통제를 가능하게 하지만 과도기(duality)에는 여러 문제를 만듭니다. 첫 번째로 두 시스템을 동시에 유지해야 하는 문제가 있을 수 있습니다. 개발팀은 기존 시스템과 새 시스템, 두 코드 베이스를 동시에 관리해야 합니다. 이는 리소스를 상당히 소모하는 작업입니다. 두 번째로 사용자에게 혼란을 줄 수 있습니다. 기능이 일부는 옛 시스템에, 일부는 새 시스템에 존재하게 되면 사용자는 도대체 어디서 어떤 기능을 써야 하는지 혼란에 빠질 수 있습니다. 세 번째로 불편한 사용자 경험을 줍니다. 이는 두 번째와 비슷한 이유인데 두 시스템을 오가며 사용하다 보면 UI/UX가 일관되지 않아서 사용자는 불편함을 느낄 수 있습니다.

이러한 문제를 해결할 수 있는 우아한 방법이 '스트랭글러 피그 패턴'입니다. 이 패턴은 실제 식물인 스트랭글러 피그(Strangler Fig, 목을 조르는 무화과나무)에서 영감을 받았습니다. 이 식물은 큰 나무에 기대어 자라며, 점점 뿌리와 줄기를 감싸고, 결국 기존 나무를 완전히 대체하게 됩니다. 소프트웨어에서도 이와 방식이 가능합니다. 즉, 기존 시스템의 기능을 하나씩 조금씩 새로운 시스템으로 교체해 나가는 방

식입니다. 이 패턴의 핵심 개념은 기존 시스템을 한꺼번에 버리는 것
이 아니라 핵심 기능부터 새로운 구조로 천천히 이전하면서 점점 기
존 시스템을 둘러싸고 안정적으로 전환하는 방식입니다. 이렇게 하
면 사용자 경험이 점진적으로 향상되고, 개발팀도 리스크 없이 새
시스템으로 이전할 수 있습니다. 아래 그림은 시스템 마이그레이션
을 위한 스트랭글러 그림 패턴의 예시 자료입니다.

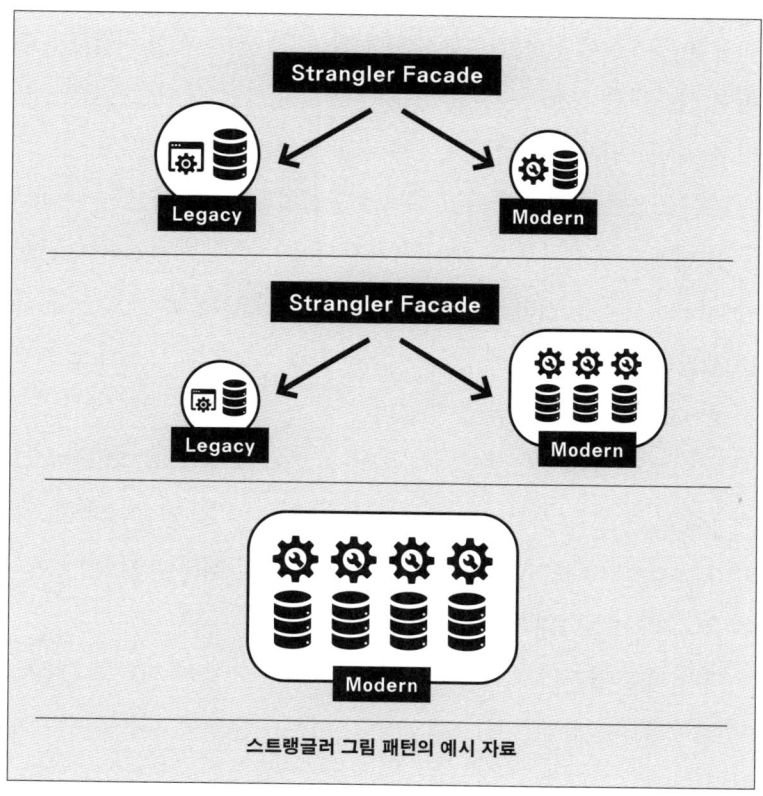

스트랭글러 그림 패턴의 예시 자료

스트랭글러 피그 패턴의 핵심 구성 요소 중 하나는 바로 파사드(Facade)입니다. 이 파사드는 사용자 인터페이스에서 오는 요청을 가로채서, 그 요청이 어떤 기능에 해당하는지 판단한 뒤 적절한 시스템으로 연결해주는 관문 역할을 합니다. 만약 요청이 아직 이전 시스템에 남아 있는 기능에 대한 것이라면, 파사드는 요청을 기존 시스템의 해당 기능으로 전달합니다. 그리고 요청이 이미 새로운 시스템으로 이전된 기능과 관련이 있다면, 파사드는 해당 요청을 새 시스템의 적절한 서비스로 전달합니다. 이처럼 파사드는 사용자가 직접적으로 어떤 시스템과 상호작용하고 있는지 모르게 하면서, 시스템 간의 전환을 자연스럽게 관리합니다.

다음으로 스트랭글러 피그 패턴의 장점에 대해 설명하겠습니다.

첫 번째로 사용자 경험 개선입니다. 사용자는 시스템 전환이 진행 중이라는 사실을 전혀 느끼지 못한 채 하나의 인터페이스만 사용하면 됩니다. 기능이 어디에 있든(기존이든 새로운 시스템이든) 사용자 입장에서는 일관된 경험을 누릴 수 있습니다.

두 번째로 낮은 리스크입니다. 기능을 조금씩 옮겨가기 때문에 갑작스럽고 큰 오류나 서비스 중단 가능성을 줄일 수 있습니다. 또 문제가 발생하더라도, 해당 기능이 분리되어 있기 때문에 보다 안전하게 조치할 수 있습니다.

세 번째로 점진적 제거입니다. 점점 더 많은 기능이 새로운 시스템으로 이전되면서, 기존 시스템의 존재 이유가 줄어들고 결국에는 아무런 서비스 중단 없이 레거시 시스템을 완전히 제거할 수 있습니다.

물론 스트랭글러 피그 패턴이 무조건 완벽한 것은 아닙니다. 스트랭글러 피그 패턴 적용 시 고려해야 할 사항이 있습니다.

첫 번째로 파사드의 복잡성입니다. 파사드가 모든 요청을 양쪽 시스템에 적절히 연결해줘야 하기 때문에 그 내부 로직이 정확하고 정교하게 설계되어야 합니다. 그렇지 않으면 기능 분기에서 오류가 발생할 수 있습니다.

두 번째로 테스트의 복잡성 증가입니다. 기능이 두 시스템에 나뉘어 있기 때문에 테스트도 그만큼 복잡해집니다. 테스트 범위가 넓어지고, 두 시스템 모두를 아우르는 테스트 전략이 필요합니다.

세 번째로 장기적인 투자가 필요합니다. 기존 시스템을 한번에 버리는 방식보다, 이 방식은 시간이 더 오래 걸릴 수 있습니다. 긴 호흡을 가지고 계획적으로 진행해야 합니다.

이런 리스크를 줄이기 위한 실용 전략은 리스크가 낮고 명확하게 정의된 기능부터 점진적으로 옮기며 경험을 쌓고 테스트 자동화 도구를 사용해 테스트 시간을 줄이고, 양쪽 시스템 모두에서의 기능 일관성을 확보하는 것입니다. 그리고 이해관계자들과의 소통을 활발히 유지하면서 진행 상황과 발생 가능한 문제들을 투명하게 공유하는 것입니다. 물론 시스템을 전환하거나 마이그레이션하는 방법은 이뿐만이 아니지만 스트랭글러 피그 패턴은 리스크를 최소화하면서도 실용적이고 강력한 방법입니다. 이 방식이 제대로 작동하려면 엔지니어링 팀의 숙련도와 시스템 자체의 구조와 복잡도에 대한 기본 이해가 필요합니다.

소프트웨어 보안

●

지금 이 시점에서 보안 이야기를 하지 않는 것은 무책임한 일입니다. 기술이 발전할수록 사이버 공격의 기회 창은 더욱 넓어지고 있습니다. 악성코드(Malware), XML 인젝션 같은 고급 주제를 논하기에 앞서 기본부터 짚고 넘어가겠습니다.

국내와 해외 아웃소싱을 진행하고 있는 뉴놉에서 해외와는 다르게 대한민국의 특이한 점을 발견하였습니다. 대한민국 내 많은 웹 사이트들이 아직도 SSL 인증서를 사용하지 않고 있습니다. 이는 보안상 매우 심각한 문제입니다. SSL인증서는 서버와 사용자의 데이터를 암호화하여 도청이나 위변조를 막는 기본적인 보호장치입니다. 설치 방법도 어렵지 않고, 대부분의 클라우드 서비스 제공자를 통해 쉽게 발급받을 수 있습니다.

IT산업이 발전하면서 세상은 단지 해킹으로 웹사이트가 다운되는 수준을 넘어, 이제는 핵발전소조차 소프트웨어 코드로 인해 피해를 입을 수 잇는 시대에 접어들었습니다. 실제 핵 발전소에서 피해를 입은 사례가 있습니다. 그 대표적인 예가 StuxNet 사례입니다. StuxNet은 이란의 우라늄 농축 시설에 피해를 준 악성코드로 윈도우 시스템의 제로데이 취약점을 이용해 공격을 감행했습니다. StuxNet은 PLC(프로그래머블 로직 컨트롤러)라고 불리는 자동 제어 장치가 자동하는 컴퓨터에 침투해 우라늄을 농축하는 원심분리기의 기계 동작을 교란시켰습니다. 이로 인해 물리적인 피해가 발생했으며,

전 세계가 소프트웨어 한 줄이 가져올 수 있는 파괴력을 실감하게 된 사건이었습니다. 물론 StuxNet같은 공격은 매우 희귀한 사례입니다. 하지만 현실에서는 매초 전 세계 곳곳에서 다양한 형태의 사이버 공격이 벌어지고 있습니다. 2025년 6월 3일 기준 글로벌 보안 기업 카스퍼스키(kaspersky)의 실시간 사이버 위협 지도를 보면, 대한민국은 세계에서 26번째로 많은 사이버 공격을 받은 국가로 집계되었습니다. 이는 단순한 숫자가 아니라, 우리 주변 시스템이 항상 위협에 노출되어 있다는 신호입니다.

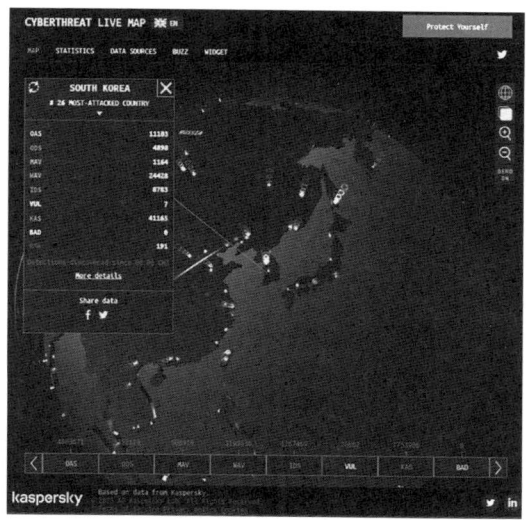

• 카스퍼스키 실시간 사이버 위협 지도

보안을 무시하면 민감한 의뢰인 정보(이름, 전화번호, 결제 정보 등)가 외부로 유출될 수 있습니다. 또 회사의 운영 시스템이 마비되어, 업무

중단 및 신뢰도 하락이 발생할 수 있습니다. 특히 개인정보보호법 위반시 법적 책임이 따를 수 있습니다. 이러한 보안 위협은 단지 보안 전문가만의 문제가 아닙니다. 제품을 개발하고 운영하는 모든 주체가 이해하고 준비해야 하는 공통된 책임입니다.

사이버 공격은 이미 무시할 수 없는 규모이며, 앞으로도 계속해서 증가할 것으로 예상됩니다. 이러한 공격이 초래하는 피해는 공격의 유형,공격자의 의도, 취약점의 성격에 따라 매우 다양하게 나타납니다. 예를 들어 데이터 유출 사고가 발생하면 직접적인 금전적 손실, 정부 및 기관의 벌금, 보안 문제 해결을 위한 복구 비용, 브랜드 신뢰도 및 기업 이미지 하락 등 기업은 막대한 비용을 감당해야 합니다.

IBM 보안 부문과 포네몬 이스티튜트(Ponemon Institute)가 발표한 보고서에 따르면, 전 세계 기업이 입은 평균 데이터 유출 사고의 총 손실 비용은 약 435만 달러(한화 약 60억원)에 달합니다. 이는 2015년에 비해 무려 14.8% 증가한 수치입니다. 이 보고서는 또한 전 세계 조직의 83%가 한 번 이상의 데이터 유출을 경험했다는 충격적인 사실도 밝혀지고 있습니다.

더 심각한 문제는 데이터 유출을 발견하고, 차단하고, 해결하기까지 평균 277일이나 걸린다는 점입니다. 즉 보안 사고가 발생했을 때 즉각적인 대응이 이루어지지 않으면, 피해는 오랜 시간 동안 눈덩이처럼 불어나게 됩니다.

전 세계적으로 데이터 보안 기준이 강화되고 있고, 이에 따라 향

후 몇 년간 데이터 유출 사고의 경제적 손실 규모는 더욱 커질 것으로 예상됩니다. 이는 단순히 IT 담당자나 보안 전문가의 문제가 아닙니다. 앞서 설명한 바와 같이 제품을 만들고 운영하는 모든 사람들 기획자, 운영자, 대표까지 모두가 이해하고 대비해야 할 현실입니다.

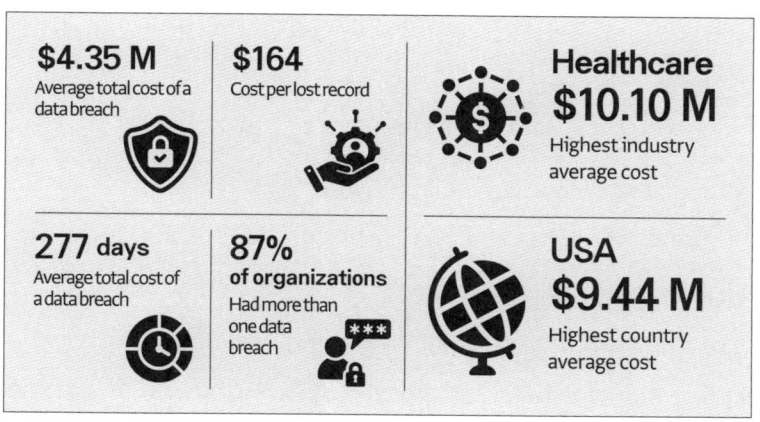

전 세계적으로 기업들은 사이버 보안에 더 많은 투자를 하고 있습니다. 기업 IT 예산의 평균 21%가 사이버 보안에 사용되고 있으며 특히 기술, 금융, 에너지 분야 기업들이 공격대상이 되는 경우가 많아 가장 적극적으로 투자하고 있는 분야입니다.(Hiscox Cyber Readiness Report 2022에 따른 조사 결과) 그에 따라 사이버 보안 전문가 및 보안 관련 서비스에 대한 수요도 빠르게 증가하고 있습니다. 사이버 보안은 이제 선택이 아닌 필수입니다.

기업의 디지털 전환 속도가 빨라지고, 동시에 사이버 범죄도 전 세계적으로 증가하면서, 사이버 보안은 기업 경영에서 필수 요소가 되었습니다. 특히 각국 정부가 데이터 보안 관련 규제를 강화하고 있어, 앞으로 사이버 공격 및 데이터 유출 사고의 비용 부담은 계속 커질 전망입니다. 이러한 환경에서 사이버 보안 전문가와 관련서비스의 수요는 계속해서 증가할 것이며, 이는 기업들이 자체적으로 보안 정책과 기준을 수립하고 사이버 대응 역량을 갖추기 전까지 계속될 것입니다.

디지털 환경은 초고속으로 변화하고 있으며, 이와 함께 해커들의 수법도 날로 정교하고 빠르게 진화하고 있습니다. 과거에는 문제가 발생한 후 보완하는 '패치 후 대응'방식이 통용되었지만, 이 방식은 현대 사이버 공격에 효과적이지 않게 되고 있습니다. 과거에는 취약점이 발견된 후 이를 수정하고 사용자에게 배포하기까지 어느 정도 시간이 허용되었습니다. 하지만 최근에는 아래와 같은 문제점들로 인해 보안 취약점이 노출되는 '위험한 시간'이 길어지고 있습니다.

첫 번째로 공격속도는 점점 더 빨라지고 있습니다. 보안 업체 카스퍼스키(Kaspersky)를 포함한 여러 보안 연구기관에 따르면, 해커들은 보안 취약점이 공개된 직후 몇 시간, 심지어 몇 분 이내에 이를 악용합니다. 이는 개발자들이 보완조치를 취할 시간조차 없는 상황을 만듭니다.

두 번째로 패치 배포에는 시간이 걸립니다. 설령 보안 패치를 빠르게 만들었다고 하더라도, 이를 모든 사용자에게 배포하고 적용되기까지는 시간이 필요합니다. 시간이 걸리는 이유는 기능 테스트 및 품질 검증, 시스템 간의 호환성 문제, 사용자들에게 패치 필요성을 안내하고 설득하는 시간 등 때문입니다. 결국 이 모든 지연은 위험을 넓히는 결과를 낳고, 해커들이 시스템을 공격할 수 있는 기회를 제공하게 됩니다.

이러한 문제를 해결하려면 보안을 사후 대응이 아닌, '개발 전 과정에 통합'하는 방식으로 접근해야 합니다. 즉, 소프트웨어 개발 생명주기(SDLC)의 모든 단계에 보안을 고려해야 한다는 뜻입니다. 이 방식은 단순히 개발자의 업무를 바꾸는 것이 아니라, 조직 전체가 '예방 중심 보안 문화'로 전환하는 것을 의미합니다. 이러한 보안 환경 변화 속에서 개발자와 경영진이 고려해야 할 전략은 아래와 같습니다.

첫 번째로, 취약점이 생기기 전, 이를 방지할 수 있는 구조 설계가 필요합니다.

두 번째로, 보안 자동화 도구 도입을 통한 대응 속도를 향상시키는 것입니다.

세 번째로, 보안 테스트를 기획, 개발, 배포 등 모든 단계에 포함시키는 것입니다.

네 번째로, 조직 전체의 보안 인식 제고 및 교육을 강화하는 것입니다.

결론적으로, 보안은 나중에 걱정할 문제라는 인식은 위험한 오해입니다. 보안을 개발 초기에 통합하지 않으면, 단 하나의 취약점이 수억 원의 손실을 초래할 수 있습니다. 이제는 선제적이고 체계적인 보안 접근 방식이 기업의 생존을 좌우하는 시대입니다.

보안 위협에 효과적으로 대응하려면, 선제적인 보안 대응 태세로 전환해야 합니다. 이를 위해 소프트웨어 개발 생명주기(SDLC) 전반에 보안을 통합하는 방식이 필요합니다. 구체적으로 한번 설명해보겠습니다.

첫 번째로, 보안을 고려한 설계(Secure Design)를 해야 합니다. 설계 단계에서부터 공격 벡터와 잠재적 위협을 식별합니다. 영향력과 가능성을 바탕으로 우선순위를 매기고 대응 전략을 세울 수 있습니다. 또 입력값 검증, 메모리 관리 등 보안 등 보안 사고를 예방하는 코딩 방식을 팀 전체에 권장합니다. 외부 라이브러리나 프레임워크를 통합하기 전, 알려진 보안 취약점이 있는지 철저히 검토해야 합니다.

두 번째로, 보안 중심 개발이 이뤄져야 합니다. 코드 내 보안 취약점을 자동으로 탐지하는 도구를 사용하여 위험을 사전에 제거해야 합니다. 그리고 공격자의 관점에서 소프트웨어를 테스트하여 실행 시 발생할 수 있는 보안 문제를 찾아야 합니다. 또한 개발자들에게 보안 중심의 코딩, 위협 모델링, 자주 발생하는 보안 취약점에 대해 지속적으로 교육해야 합니다.

세 번째로, 보안 매뉴얼을 배포해야 합니다. 운영환경 전반에 걸쳐 일관되게 보안 설정이 적용되도록 자동화된 관리 도구를 활용해야 합니다. 그리고 배포된 서비스를 주기적으로 검사하여 새로운 취약점을 조기에 발견하고 대응해야 합니다. 네트워크 구성, 데이터 암호화(저장 시 및 전송 시), 접근 제어 등 인프라 단의 보안도 철저히 유지해야 합니다.

네 번째로, 보안 모니터링과 사고에 대응할 준비를 해야 합니다. 보안 침해의 단서를 찾기 위해 서비스 로그를 실시간 감시해야 합니다. 또 비정상적인 네트워크 활동을 감지하고 차단할 수 있는 시스템을 도입해야 합니다. 마지막으로 보안 사고 발생 시 신속하고 조직적인 대응이 가능하도록 사전에 시나리오를 준비하고 테스트해야 합니다.

효과적인 보안 전략은 기술적인 조치만으로는 부족합니다. 조직문화 전체에 보안 중심의 사고방식이 자리 잡아야 합니다. 먼저 각팀 내에 보안 담당자를 두어 보안 인식을 높이고 보안 모범 사례를 확산하면 좋습니다. 그리고 개발팀과 운영팀 간의 협력을 통해 전체 개발 주기에 걸쳐 보안을 통합하면 좋습니다. 마지막으로 윤리적인 해커들이 보안 취약점을 발견하고 보상받을 수 있도록 장려하여 보안 사고를 예방해야 합니다.

보안은 한 번의 프로젝트로 끝나는 일이 아닙니다. 지속적인 경계와 학습이 요구되는 전쟁입니다. SDLC 전반에 보안을 통합하고, 개발팀 내에 보안에 대한 인식과 협력 문화를 조성한다면, 더이상 공격자보다 느리게 대응하는 수동적인 방식에서 벗어나 예방 중심의 능종적 보안 체계를 구축할 수 있습니다. 완벽한 '제로 취약점'상태는 현실적으로 어렵지만, 지속적인 개선과 학습을 통해 보안 수준을 높이는 것, 그것이 바로 오늘날 우리가 해야 할 일입니다.

끝맺음

●

축하드립니다! 드디어 이 책의 마지막 장에 도달하셨습니다. 6만 7천 자가 넘는 이 내용을 읽으시느라 시간과 에너지를 많이 사용하셨겠지만, 그만큼 소프트웨어 개발 생명주기(SDLC) 기술팀에 대한 올바른 기대치 설정, 그리고 기술자가 자주 쓰는 전문 용어에 대해 많은 인사이트를 얻으셨을 것이라 믿습니다. 물론 이 책에서 기술적 내용을 아주 깊게 다루지는 않았기에 모든 내용을 이해하긴 어려울 수 있지만, 이제는 최소한 개발자들이 하는 말의 일부라도 이해할 수 있게 되었을 것입니다. 그리고 팀원들과 조금 더 깊이 있는 소통도 가능해졌을 것입니다. 책의 마지막은 제가 좋아하는 문장으로 마무리하겠습니다. 이 문장은 제가 많이 배운 한 기술 리더가 해준 말입니다.

"좋은 개발은 와인처럼 시간이 걸린다."

개발을 모르는 스타트업 대표의 생존 전략

●

"기술을 몰라도, 개발자는 대표님을 따릅니다. 단, 올바른 질문을 할 수 있다면요!" 스타트업을 시작한 대표님들 중에 비전공자, 비개발자 출신은 생각보다 많습니다. 마케팅, 디자인, 영업, 심지어 체육, 음악전공 출신 대표님들도 봤습니다. 그런데 거의 모든 대표들이 겪

개발, 그렇게 하는게 아닌데?

는 공통된 혼란이 하나 있습니다.

"개발을 몰라도 회사를 잘 이끌 수 있을까?" 이 질문에 대한 제 답은 "예, 아니오. 둘 다"입니다.

대표님이 직접 코딩하지 않아도 됩니다. 하지만 개발자의 세계가 어떤 논리로 굴러가는지 감(Feel)이라도 있어야 합니다. 개발자와 비개발자는 사고방식이 다릅니다. 특히 대표와는 더 다릅니다. 이걸 먼저 인정해야 합니다. 대표는 결과 중심입니다. "이거 언제 나와요?", "이 기능 되면 우리 전환율 올라가요?" 하지만 개발자는 과정 중심입니다. "이거 구현하려면 API 연동이 복잡한데요.", "이건 DB설계를 다시 해야 돼요." 둘은 전혀 다른 언어를 쓰는 사람들입니다. 이 때 오해가 생기기 쉽습니다. 그래서 비전공자 또는 대표가 살아남기 위해서는 개발자의 언어를 번역해 듣는 귀를 키워야 합니다. 개발을 모르는 대표가 기술팀과 이야기 할 때 꼭 기억해야 할 3가지를 말씀드리겠습니다.

첫 번째로, 구조(Structure)입니다. 기능 하나 넣는 것도 '그냥 붙이는' 게 아닙니다. 개발자들은 설계된 구조에 따라 기능을 넣습니다. 예를 들어 자동차 핸들 옆에 컵 홀더 달자고 하면, 대시보드까지 전부 바꿔야 하는 수가 생깁니다. 웹과 앱도 마찬가지입니다. 그래서 개발자와 이런 방식으로 대화를 시작하면 좋습니다. "이 기능 넣으려면 기존 구조에서 뭐가 바뀌나요?"

두 번째로, 제한(Limitation)입니다. 모든 기능이 가능한것이 아닙니다. 예를 들어, 앱에서 사진을 업로드하는 기능을 넣자고 하면, 갑자기 서버 비용이 두배가 되거나 사용자 디바이스마다 호환성 문제가 생길 수 있습니다. 그렇기 때문에 개발자와 이런 방식으로 대화를 시작하면 좋습니다. "이거 하면 서버나 성능에 영향이 있나요?"

세 번째로, 우선순위(Priority)입니다. 비개발자 또는 개발을 모르는 대표가 가장 자주 하는 실수 중 하나는 "이것도 되고 저것도 되면 좋겠습니다!"라고 말하는 것입니다. 개발자는 한 번에 여러 개를 못 만듭니다. 진짜 필요한 것부터 순서를 정하세요. 그렇기 때문에 개발자와 이런 방식으로 대화를 시작하면 좋습니다. "지금 리소스 기준으로, 가장 먼저 개발해야 하는 건 뭐예요?"

개발을 모르는 대표는 '개발 지시자'가 아닙니다. 또한 개발자는 기계가 아닙니다. 비 개발자나 개발을 모르는 대표님은 '무엇을' 만들 건지 방향을 제시하고, '왜?'그것이 중요한지를 설명하는 기획자여야 합니다. 예를 들어 "여기 로그인 화면 바꿔주세요."라고 말하는 것보다 "우리 사용자들이 첫 화면에서 이탈이 많아서, 로그인 절차를 간단히 하고 싶어요. 그래서 이걸로 전환율을 높이려고요!"라고 말하는 것입니다. 이 차이 하나가 개발자들의 몰입을 완전히 바꿉니다. 개발자는 시키면 시키는 대로 하라고 하는 사람보다, 문제를 같이 해결하고 싶은 사람에게 마음이 갑니다.

만약 개발자의 신뢰를 얻는 대표가 되고 싶다면 아래의 다섯 가지 습관을 가지면 좋습니다.

첫 번째로, 개발 일정에 쿠션을 주는 것입니다. 하루 걸릴 줄 알고 시작했는데, 3일 걸리는게 개발입니다. 개발자에게 "왜 늦었냐?"라고

개발, 그렇게 하는게 아닌데?

묻기보단 "어떤 부분이 막히나요?"라고 물어보시면 좋습니다.

두 번째로, 요구사항은 구체적이며 단순하게 작성하는 것입니다. 많은 대표님들이 개발자에게 "깔끔하게 해주세요"라고 합니다. 이것은 대표님 머릿속 이미지에만 있는 표현입니다. 가능한 예시와 함께 설명하셔야 합니다. "이 앱의 버튼 스타일처럼 해주세요."

세 번째로, 요구사항이 자주 바뀌어서는 안됩니다. 기획이 하루에도 열두 번 바뀌면 개발자는 무너지기 쉽습니다. 만약 바꿔야 한다면 이유와 배경을 명확히 설명하셔야 합니다.

네 번째로, 칭찬은 빠르게 하시고 지적은 구체적으로 하셔야 합니다. "제가 생각한 스타일처럼 해주셨네요. 잘하셨어요. 감사합니다"라는 한마디에 개발자는 열 배로 열심히 할 것입니다. 지적할 땐 어떤 점이 안맞았는지 구체적으로 말해줘야 개선이 가능합니다.

다섯 번째로, 결정은 대표가 해야 하며 결정을 미루지 않아야 합니다. "이건 내가 빠르게 결정할게요!"라는 말이 개발자에겐 큰 신뢰입니다.

개발을 몰라도 괜찮습니다. 그리고 개발을 잘 몰라도 팀은 따를 수 있습니다. 그 방법은 당신이 개발을 존중하고, 팀을 이해하려는 노력을 한다면 개발자는 그걸 알아봅니다. 그리고 전폭적으로 당신을 도울 것입니다. 기술을 이해하는 것보다 더 중요한 것은 사람을 이해하는 것입니다. 당신이 진심을 갖고 문제를 함께 해결하려 한다면, 팀은 언제나 그 진심을 알아볼 것입니다.

기술만으로는 생존할 수 없다. CTO생존 전략

•

CTO(Chief Technology Officer) 들으면 뭔가 멋져 보입니다. 스타트업에서 CTO라는 타이틀은 뇌가 섹시한 사람이라는 뜻 같기도 하고, 개발의 끝판왕 같기도 하죠. 그런데 막상 현실로 들어가 보면, 많은 스타트업 CTO들이 기획도 하고, 디자인도 검토하고, 개발은 말할 것도 없고, 배포하고 유지보수까지 하다가 야근으로 골병이 들어갑니다. 그래서 멋있는 타이틀 뒤에 숨은 살아남기 위한 전략, 바로 'CTO 생존 전략'에 대해 다뤄보겠습니다. 개발을 잘한다고 CTO가 되는 것은 아닙니다. 기술이 아닌 사람과 문제를 다루는 능력이 CTO의 핵심입니다.

많은 CTO는 개발자 출신입니다. 개발자 시절에는 "코드만 잘 짜면 됐지"라고 생각했을 수 있습니다. 그런데 CTO가 되면 이야기가 완전히 달라집니다. 이제는 당신의 주요 업무는 코드가 아니라 의사 결정입니다. 어떤 기술 스택을 쓸 것인가? 내부 인프라를 구축할 것인가? 외부 솔루션을 쓸 것인가? 빠르게 MVP를 만들 것인가? 확장 가능한 구조를 먼저 고민할 것인가? 이 질문들은 코드 에디터가 아니라 회의실(혹은 온라인 미팅)에서 던져집니다. CTO는 코드를 짜는 사람이 아니라, 코드를 짜야 할 문제와 방향을 정리하는 사람입니다. CTO의 대부분의 결정은 아래 3요소 사에에서 줄다리기를 하게 됩니다.

첫 번째로, 기술적 완성도입니다. 이걸 지금 React로 만들지, Next

로 만들지, 아니면 Flutter로 앱까지 같이 갈지 고민을 하죠.

두 번째로, 시간입니다. 대표는 CTO에게 찾아와 툭 던집니다. "이 거 다음 달 행사 전에 무조건 나와야 해요!"

세 번째로, 사람입니다. 인력이 3명인데 마이크로 서비스 아키텍처를 꿈꾸는 건 너무 먼 이야기일 수 있습니다.

그래서 CTO는 때로 기술보다 트레이드 오프에 익숙해지는 연습이 필요합니다. 한 스타트업 CTO는 머신러닝 알고리즘을 직접 개발하려고 했습니다. 그런데 개발 기간 4개월 리서치 포함 6개월입니다. 또한 전시회 2주 전까지 베타 오픈이 목표인 상황입니다. CTO의 생각과는 다르게 결국 오픈소스 API로 MVP를 구성하고, 시장 반응을 본 후 사이드로 자체 모델 개발을 시작합니다. 결과 차선책이 좋은 결정이 되었습니다. 만약 CTO가 고집을 부려 직접 머신러닝 알고리즘으로 개발했다면 회사는 어려움을 겪었을 것입니다. 이 판단 하나로 회사가 시장에서 살아남을 수 있게 되었습니다.

CTO는 팀을 만드는 사람입니다. 혼자 100을 만드는 것보다, 다섯 명이 300을 만들게 하는게 CTO의 일입니다. 이를 위해선 팀원들이 질문을 편하게 던질 수 있게 해야 합니다. 지식의 차이는 설명 방식으로 극복이 가능합니다. 또 개발 가이드를 만들어 주는 것입니다. 마지막으로 채용은 CTO가 직접 해야 합니다. 개발자는 개발자를 알아봅니다. CTO가 인터뷰에 적극 개입해야 합니다.

그러나 많은 CTO들이 겪는 고통 중 하나는 기술을 모르는 CEO 와의 커뮤니케이션입니다. 대표는 기술을 모르기 때문에 "이 기능 이번 주 안에 될까요?"라고 쉽게 질문합니다. 그러나 CTO는 속으로 "그건 백엔드 API 설계부터 프론트 레이아웃까지 다 바꿔야 하는 건데요…"라고 생각합니다. 그런데 여기서 짜증을 낸다고 CTO가 좋은 리더가 되지 못합니다. 오히려 비개발자의 눈높이에 맞춰 설명할 수 있어야 합니다. 대표를 설득하기 좋은 팁은 기술적 난이도는 비용과 리스크라는 키워드로 설명하면 좋습니다. 비용과 리스크를 포함하여 이런 식으로 설명하면 좋습니다. "열심히 야근을 하면 일주일 안에 만들 수 있습니다. 하지만 QA 없이 바로 배포하면 장애 날 확률이 높습니다. 나중에 사용자 불편이 생기면 더 큰 수습 비용이 발생할 수 있습니다." 이처럼 대표를 설득한다면 어느 정도 서로 이해할 수 있습니다.

사실 CTO는 회사 안에서 가장 고립된 역할이 될 수 있습니다. 개발팀과 대표 사이에서 기술적 갈등과 비즈니스 압박 사이에서 끝없는 타협을 합니다. 그러다 보면 '나만 이렇게 힘든가?'라는 생각이 들 때도 있습니다. 이런 마음이 들면 한번 외부에서 모임을 가져보는 것도 좋습니다. CTO 커뮤니티, 멘토, 외부 컨설턴트를 적극적으로 활용하면 좋습니다. 당신의 고민은 이미 누군가가 한 번쯤은 겪은 일이기 때문입니다. CTO로 살아남는다는 건, 코드를 잘 짠다는 뜻이 아닙니다. 기술로 문제를 해결하면서, 사람을 이끌고, 비즈니스와 균형을 맞추는 사람. 그게 바로 살아남는 CTO입니다. 당신이 CTO가 되었다면 기술보다 문제 해결 능력을 키워보세요. 당신이 만든 기술이 아니라, 당신이 만든 결정이 회사를 살릴 수도 무너뜨릴 수도 있습니다.

IT 개발자의 습관

•

"개발자의 실력은 어디서 결정되나요?" 이 질문을 받을 때마다 저는 단호하게 대답합니다. "습관에서 결정됩니다!"

누군가는 3개월 코딩 부트캠프를 수료하고 실무에서 빠르게 적응하는가 하면, 누군가는 몇 년 경력자임에도 코드 퀄리티나 협업 방식에서 늘 지적을 받습니다. 이유는 실력의 차이라기보다 좋은 습관을 얼마나 일찍, 꾸준히 갖췄는지 때문입니다.

습관은 일상입니다. 제가 만난 뛰어난 개발자들은 거의 예외 없이 루틴이 있었습니다. 업무 시작 전 전날 급하게 처리하느라 동작은 되었지만 이해를 못했던 코드에 대해 다시 살펴보는 사람, 퇴근 전 오늘 발생한 이슈에 대해 잘 기록하고 퇴근하는 사람, 퇴근 후 다른 사람들이랑 코딩 모임을 갖고 그날 이슈에 대해 논의하거나 새로운 기술을 찾아보는 사람 등이 있었습니다. 이러한 사람들의 공통점은 코딩을 할 때만 개발자가 아니라, 삶의 구조 속에 개발이 녹아 있다는 점입니다. 초보 개발자에게 추천한다면 매일 30분이라도 기록 루틴을 만들어 보라고 권하고 싶습니다. 오늘 어떤 문제를 만났고 어떻게 해결했는지 메모 서비스(노션, GitHub, 메모앱 등에 기록을 남기는 것입니다. 이렇게 매일 루틴을 갖는 개발자는 불 경력을 갖춘 개발자로 탄생시킬 것입니다.

좋은 개발자일수록 실수를 자주 합니다. 정정하겠습니다. 실수를 자주 하더라도 "반복하지 않습니다." 주니어 개발자들이 가장 큰 착

각 중 하나는 "실수를 안 하는 사람이 잘하는 사람이다!"라는 믿음입니다. 진짜 실력자는 실수를 빠르게 인정하고, 재현 가능한 방식으로 정리하고, 해결법을 문서화합니다.

제가 한 개발자와 일하며 놀랐던 적이 있습니다. 그 개발자는 자신이 짜는 코드에 항상 문제가 있었고, 매일같이 팀장님께 혼나고 야근을 밥 먹듯이 하는 개발자였습니다. 그 개발자는 항상 늦게까지 남아서 노트가 닳도록 작성하던 것이 있었는데, 이슈가 발생한 상황, 발생한 에러 로그, 해결하기 위해 검색한 문서, 이슈 해결 방법을 무조건 문서화 하는 것이었습니다. 그렇게 3년이 지나고 그가 퇴사를 선언했을 때 경영진은 더 높은 연봉을 제시하며 그를 붙잡는 핵심 인재가 되어 있었습니다.

좋은 개발팀의 습관 중 하나는 코드 리뷰를 하는 것입니다. "왜 이렇게 짰는지?", "이 함수는 어디까지 책임져야 하는지?", "변수명이 이게 최선인지?" 등 제가 본 개발팀 중 가장 뛰어나게 팀을 운영하는 팀은 바쁜 와중에도 항상 동료들과 코드 리뷰를 하는 시간을 갖는 팀이었습니다. 이런 습관은 리팩터링*의 정교함과 코드 퀄리티의 향상 그리고 개발 팀원의 실력 향상을 이끌어내는 좋은 습관이었습니다.

만약 내가 일하는 회사에 개발팀이 없고 나 혼자서 개발을 하고 있다면 자기 코드에 말 걸기 습관과 하루에 한 번, 작성한 코드 중에

---

* 리팩터링: 결과의 변경 없이 코드의 주구조를 재조정함-기능을 새롭게 짜는 것이 아니라 기존 기능에 대해 가독성을 높이고 유지보수를 편하게 만드는 것을 의미

서 가장 마음에 안 드는 부분 하나를 골라 이유를 써보면 좋습니다. 이것을 반복하다보면 코드 퀄리티가 향상돼 가독성이 좋아지고 유지보수를 편하게 할 수 있을 것입니다.

중소기업에서 일하다 보면 혼자서 개발하는 습관이 생길 수 있습니다. 이때 발생할 수 있는 문제는 나만 알아보는 코드가 될 수 있습니다. 혼자 일하던 어느 날 갑자기 동료가 생겨 "이건 왜 이렇게 했어요?"라는 질문을 받을 수 있습니다. 이 때 당신의 입에서 "그냥요"가 나오면 안됩니다. "이전에 이렇게 했더니 A라는 문제가 있었고, 그래서 이번엔 B라는 방식을 썼어요!"와 같이 답하는 사람이 되어야 합니다. 이런 개발자는 코드만 잘 짜는 것이 아니라 팀에 신뢰를 만듭니다.

저는 항상 뉴뇹의 모든 동료들에게 말합니다. 메일을 쓰더라도 상대방이 쉽게 이해할 수 있도록 써야 한다고요. 개발도 마찬가지입니다. 개발도 결국 커뮤니케이션이 중요합니다. 협업이 많은 개발자는 코드뿐 아니라 커밋 메시지, PR 코멘트, API 명세서 하나에도 배려가 묻어납니다. PR을 날릴 때(코드 변경 사항을 Github 등 협업 플랫폼에 Pull Request(PR)로 제출해 리뷰를 요청하는 행위 – 새로운 코드 변경을 메인 코드베이스에 병합하기 전에, 변경 내용을 설명과 함께 팀원에게 공유하고 리뷰를 받는 절차)마다 한 줄 요약 + 구현 방식 + 고려한 사항을 꼭 쓰는 것이 좋습니다. 예를 들면 "이번 커밋은 로그인 실패 시 UX 개선을 위한 예외 처리 추가입니다. 기존에는 Alert로 띄웠지만, Toast로 대체했고, 시각적 방해를 줄이기 위해 2초 타이머를 설정했습니다." 이런 방식으로 쓰는 습관이 쌓이면 팀은 당신을 '생각하는 개발자'로 봅니다.

진짜 실력자는 자신의 지식을 나눌 수 있는 사람입니다. 지식을 쌓기만 하는 사람은 개인 성장에 그치지만, 지식을 나누는 사람은 조직과 함께 성장합니다. 제가 좋아하는 말 중에 "아는 사람은 말한다. 진짜 아는 사람은 가르친다"라는 말이 있습니다.

기술 블로그를 운영하거나, 동료에게 오늘 배운 내용을 짧게 슬랙에 공유하는 것도 좋습니다. 제가 중소기업의 개발자 시절 저의 첫 사수는 매일 5~20분씩 오늘 개발한 내용을 PPT로 만들고 보고하도록 지시하였습니다. 처음에는 "이게 무슨 보고서냐?"고 정말 심한 말과 함께 많이 혼났습니다. 당시에는 너무 힘들었습니다. 하지만 제가 대기업으로 이직했을 때, 저는 그 사수에게 깊은 감사를 하고싶은 마음을 느꼈습니다. 매일이 힘들면 일주일에 한 번이라도 기술 공유하는 습관을 가져보면 좋습니다. 블로그 글이어도 좋고, 사내 슬랙 또는 Github 메모여도 좋습니다. 그렇게 하는 것이 당신을 한층 더 성장시키는 기록이 될 것입니다.

개발자와 대화법

●

많은 스타트업 대표와 비개발 직군들이 "개발자와 대화가 어렵다"는 공통된 고민을 호소합니다. 마치 같은 한국어를 쓰고 있음에도 불구하고, 서로 다른 언어를 사용하는 듯한 답답함을 느끼곤 합니다.

예를 들어 대표는 "이거 당연히 있어야 하는 기능 아닌가요? 간단한 기능이니까 빨리 추가 해주세요!"라고 합니다. 그럼 개발자는 "간단하지 않습니다. 데이터베이스 스키마를 다시 짜야 하고, API구조를 바꿔야 합니다."라고 답변하면 갈등이 시작될 것입니다. 사실 둘 다 틀린 말은 아닙니다 대표는 사용자 입장에서 버튼 하나 추가하는 것 뿐이라고 생각하지만, 개발자는 버튼 뒤에서 돌아가는 로직 전체를 봅니다. 즉 문제의 본질은 관점 차이라는 것입니다.

대화는 단순히 요청이 아니라 상호 이해의 과정입니다. 개발자와의 대화에서 가장 중요한 것은 무엇을 원하는지를 명확히 하고, 왜 필요한지?를 설명하는 것입니다. 나쁜 예시와 좋은 예시를 들어보겠습니다.

나쁜 예시

"이번 주 안에 로그인 화면 만들어주세요."

좋은 예시

"우리가 이번주에 투자자 미팅이 있어서, 최소한 '로그인은 가능하다'라는 것을 투자자에게 보여줘야 함으로 화면이 필요합니다. 실제 보안 검증은 다음 단계로 미뤄도 괜찮습니다!"

좋은 대화는 요구사항뿐 아니라 우선순위와 맥락을 함께 전달합니다. 이렇게 하면 개발자는 기술적으로 가장 효율적인 방법을 제안할 수 있습니다.

조금 더 예를 들어 좋은 질문과 나쁜 질문 대화법의 차이를 구체적으로 살펴보도록 하겠습니다.

나쁜 질문

- "이거 언제 다 돼요?"
- "이거 빨리 하면 안돼요?"
- "다른 회사는 다 하는데 왜 우리는 안돼요?"

좋은 질문

- "이 작업을 빨리 끝내기 위해 방해되는 요인이 있을까요?"
- "지금 일정에 가장 큰 리스크는 무엇인가요?'
- "이 기능을 꼭 이번 버전에 넣는게 맞을까요?"

다시 한번 정리하면 나쁜 질문은 개발자를 방어적으로 만들고, 좋은 질문은 개발자로 하여금 함께 해결책을 고민하게 만듭니다.

비개발자가 개발을 이해하기 위해 아래의 비유가 큰 도움이 될 것입니다. 많은 사람들이 개발을 건축과 비교하는데, 저는 이 부분에 대해 매우 긍정적으로 생각합니다.

- 설계도 없이 건물 지을 수 있나? ➡ 기획 없이 개발할 수 있나?
  ➡ 짓는 것이 불가능하거나 붕괴 위험이 있습니다.
- 기초 공사를 소홀히 하면? ➡ 백엔드 설계를 소홀히 하면? ➡
  나중에 벽이 무너지거나 물이 세거나 곰팡이가 생길 것입니다.

개발, 그렇게 하는게 아닌데?

- 2층 건물로 설계하고 짓던 건물을 중간에 갑자기 "5층으로 변경하려 합니다. 층을 3개 더 올려주세요"라고 하면? ➡ 이 "기능 추가 해주세요." 라고 하면? ➡ 구조 전체를 다시 짜야 합니다.
- 집을 오랫동안 사용하지 않으면? ➡ 유지보수를 하지 않으면? ➡ 어떤 고장이 있는지 전체적으로 점검하고 수리해야 합니다.

개발자와의 대화는 바로 이 건축 과정을 함께 논의하는 것과 비슷합니다. '벽에 벽지 무늬'같은 기능 요청인지, 기초 공사를 건드리는 요청인지 먼저 확인하고 대화를 해야 합니다.

스타트업 대표는 개발자 출신인 경우도 있지만 개발자가 아닌 경우도 많습니다. 하지만 대표는 팀의 방향을 결정하는 사람입니다. 이때 중요한 대화 전략은 결과보다 문제를 말하게 해야 합니다. 예를 들어 "이 버튼이 안눌러져요"라고 하기 보단 "사용자가 회원가입을 못 하고 있어요."라고 하는 것입니다. 그리고 요구사항보다 목표를 말하게 해야 합니다. 예를 들어 "이 기능 넣어주세요!"라고 하기 보단 "사용자 유지율을 높이고 싶습니다!"라고 하는 것입니다. 개발자는 해결책을 찾는 전문가입니다. "무엇을 해야 한다"가 아니라 "무엇이 문제인가?"를 설명하는 것이 더 나은 방향으로 가는 길입니다.

CTO(기술 총괄)과 대표가 대화할 때는 좀 더 전략적인 관점이 필요합니다. CTO에게는 세부 기능보다 전체 아키텍처, 기술적 리스크, 장기 유지보수 비용에 대해서 물어야 합니다. "이 기능 이번주에 가능해요?"라고 하기 보단 "이 기술 선택이 1년 뒤에도 유지될 수 있나요?", "이 구조에서 트래픽이 10배 늘면 어떤 문제가 생길까요?"라고 하는 것입니다. 이런 질문은 CTO를 존중하는 동시에 회사의 기술적 기반을 건강하게 만드는 것입니다.

외주 개발사와 일할 때는 오해가 훨씬 더 자주 발생합니다. 대표적인 문제는 계약서에는 없었는데 무언가를 요구하는 것입니다. 따라서 대화할 때는 문서화가 필수입니다. 말로 한 것은 기록에 남기고, 확인 메일을 보내는 것입니다. 다음은 범위 확정입니다. "이 프로젝트는 여기까지 포함되고, 이후는 추가 계약이 필요합니다."라는 점을 상호 간에 분명히 해야 합니다. 끝으로, 마일스톤을 기준으로 대화하는 것입니다. 전체 일정이 아니라, "이번 단계에서 무엇을 완료하는지"만을 집중해서 확인합니다.

외주 개발사가 제시하는 견적은 단순히 개발자의 월급을 시간으로 나눈 것이 아님을 명확히 해야 합니다. 개발비 안에는 다음과 같은 여러 항목이 포함되어 있습니다.

직접 인건비
실제 개발에 투입되는 기획자, 디자이너, 개발자, QA담당자 등 담당자의 시간당 비용입니다. 이는 개발사의 핵심 자산인 인력의 전문성과 경력에 따라 달라집니다.

간접 인건비
프로젝트 매니저, 영업 및 행정 지원 인력 등 프로젝트를 원활하게 진행하기 위해 뒤에서 지원하는 인력에 대한 비용입니다.

기술 및 인프라 비용

고사양의 개발 장비, 유료 소프트웨어 라이선스, 테스트 서버 운영 비용, 클라우드 서비스 비용 등이 포함됩니다.

기업 유지 비용

사무실 임대료, 세금, 마케팅 및 영업 비용 등 기업을 운영하는 데 필요한 모든 경비가 녹아 있습니다.

리스크 관리 비용

예측하지 못한 기술적 난관, 갑작스러운 요구사항 변경, 의사소통 오류로 인한 재작업 등 프로젝트 진행 중 발생할 수 있는 다양한 위험을 관리하고 대비하기 위한 비용입니다.

이윤

회사의 지속적인 성장과 더 나은 서비스를 위한 재투자, 그리고 미래의 불확실성에 대비하기 위한 최소한의 이윤입니다.

견적서를 받을 때, '왜 이렇게 비싸지?' 라고 생각하기보다, "이 비용은 어떤 항목들로 구성되어 있습니까?" 라고 질문해보시면 좋을 것입니다. 투명하게 구성항목을 설명하는 개발사일수록 프로젝트 관리에 자신감이 있고 신뢰할 수 있는 파트너일 가능성이 높습니다.

한국에서는 보기 힘들지만 해외에서의 계약은 보통 고정비 계약과 시간단위 계약으로 나뉩니다. 두 가지 중, 프로젝트 성격에 맞는 가격 모델을 선택할 수 있습니다. 각 모델의 장단점에 대해 다뤄보겠습니다.

고정비 계약

프로젝트 시작 전 명확하게 정의된 결과물에 대해 총 비용을 확정하는 방식입니다. 고정비 계약의 장점은 예산 관리가 용이하고 결과물이 명확하다는 것입니다. 의뢰인 입장에서 추가 비용에 대한 걱정이 없습니다. 단점으로는 요구사항이 조금이라도 변경되면 추가 계약과 비용이 발생하며, 따라서 매우 상세하고 변경 불가능한 기획서가 계약 초반에 요구됩니다. 개발사 입장에서는 리스크를 비용에 모두 반영해야 하므로, 실제 필요한 비용보다 높게 책정될 수 있습니다. 고정비 계약은 구현할 기능이 명확하고, 변경 가능성이 거의 없는 소규모 프로젝트가 적합합니다.

시간 단위 계약

실제 투입된 작업 시간과 자원에 따라 비용을 정산하는 방식입니다. 시간 단위 계약의 장점은 요구사항 변경에 유연하게 대처할 수 있고, 시장의 반응을 보며 점진적으로 서비스를 개선해 나가는 애자일 방식에 적합합니다. 시간 단위 계약의 단점은 프로젝트 총 비용을 예측하기 어렵고, 예산 초과의 위험이 있다는 점입니다. 따라서 의뢰인의 적극적인 참여와 지속적인 관리가 필요합니다. 시간 단위 계약을 할 때 시장 검증이 필요한 MVP(최소 기능 제품) 개발을 하거나, 장기적인 서비스 운영 및 요구사항이 명확하지 않은 신규 서비스를 개발하거나, 해당 담당자가 부재할 때 대체 인력으로 활용하는 개발 프로젝트에 적합합니다.

한국에 있는 많은 기업들이 저렴한 고정비 계약을 선호합니다. 그러나 우리 프로젝트의 불확실성이 어느 정도인지 객관적으로 판단해야 합니다. 만약 프로젝트 진행 중 기능 변경이나 추가 기능이 예상된다면, 유연한 시간 단위 계약이 오히려 총 비용을 절감하고 더 나은 결과물을 만드는 방법일 수 있습니다.

외주 개발 비용은 단순히 사라지는 돈이 아니라, 의뢰인의 꿈과 비전을 현실로 만들기 위한 가장 중요한 투자금입니다. 그리고 투자를 현실로 만들어주는 개발사는 의뢰인의 꿈을 응원하고 함께 실현해나갈 가장 중요한 파트너입니다. 개발 외주사에서도 피와 땀이 섞인 자금의 무게를 이해하고, 단순한 기능 하나에도 수많은 고민과 노력이 담겨있다는 사실을 존중하며, 명확한 소통과 합리적인 절차를 통해 신뢰를 쌓아나갈 때, 외주개발사는 단순한 '용역 업체'를 넘어 당신의 비즈니스를 성공으로 이끄는 든든한 기술 조력자가 되어줄 것입니다. 훌륭한 파트너를 만나는 것은 운이 아니라, 존중과 이해를 바탕으로 한 대표님의 노력에서 시작됩니다.

대화를 잘하기 위해 마지막으로 스스로를 점검할 수 있는 리스트를 소개하겠습니다.

- 기능을 요청할 때는 "왜 필요한지"를 설명해야 합니다.
- 일정을 문의할 때는 "가장 큰 리스크는 무엇인가요?"라고 물어야 합니다.
- 문제를 지적할 때는 "사용자 입장에서"라고 말해야 합니다.
- 개발자의 언어를 존중하고, 모르면 물어보는 태도를 보여야 합니다.

개발자와 대화는 기술을 배우는 것이 아니라 관점을 배우는 과정입니다. 상대방의 세계를 존중하고, 목표와 맥락을 공유하며, 문제를 함께 해결하는 태도를 가진다면 대화의 장벽은 크게 낮아질 것입니다. 결국 좋은 대화란 기술적인 성공뿐 아니라 팀의 신뢰와 협업 문화를 만드는 것입니다.

팀 운영 노하우

•

팀 운영 노하우는 경영적인 부분이 큽니다. 많은 경영저서에 팀 운영 노하우를 다루는데 뉴늡과 연이 생긴 많은 기업들이 뉴늡은 어떻게 팀을 운영하는지 궁금해하여 작성해 보았습니다. 스타트업의 작은 회의실이든, 중견기업의 번듯한 오피스든, 모든 위대한 결과물은 결국 '팀'이라는 이름 아래에서 만들어집니다. 우리는 종종 한 명의 천재 개발자나 뛰어난 기획자가 모든 것을 해결해 줄 것이라는 환상에 빠지지만, 그것은 신기루에 가깝습니다. 각자 다른 방향을 향해 노를 젓는 천재들로 가득한 배는 결국 제자리를 맴돌거나 엉뚱한 방향으로 갈 뿐입니다.

팀 운영은 단순히 진척 상황을 체크하고 업무를 분배하는 관리(Management)의 영역을 넘어섭니다. 그것은 팀의 심장을 뛰게 하는 문화를 설계하고, 모두가 같은 별을 바라보게 하는 목표를 설정하며, 각자의 잠재력을 최대로 끌어올리는 동기를 부여하고, 막힌 곳을 뚫어주는 커뮤니케이션의 물길을 트는 고도의 리더십이자 종합 예술입니다. 이번 챕터에서는 최고의 성과를 내는 팀을 만들기 위해 리더가 알아야 할 모든 것을 이야기하고자 합니다.

첫 번째로, 팀 운영의 핵심 원칙은 모든 것은 신뢰 위에 세워진다는 사실입니다. 훌륭한 팀은 화려한 복지나 최신 장비가 아니라, 눈에 보이지 않는 단단한 원칙 위에서 성장합니다. 이 원칙들은 팀이라는 집을 짓는 네 개의 주춧돌과 같습니다. "빛이 드는 곳에는 의심이 자라지 않는다."라는 말이 있습니다. 정보는 권력이 아니라, 팀이 올바른 결정을 내리기 위한 필수적인 연료입니다. 리더가 중요한 정보를 독점할 때, 팀원들은 안개 속을 걷는 것처럼 불안해합니다. "왜 이 프로젝트를 해야 하는가?"라는 사업적 배경, "현재 우리 회사의 재무 상황은 어떤가?" 같은 민감한 정보까지, 공유할 수 있는 모든 것은 투명하게 공개해야 합니다. 숨겨진 정보는 불필요한 오해와 불신을 낳고, 결국 팀의 에너지를 엉뚱한 곳에 소모하게 만듭니다.

특히 리더는 팀의 등대와 같습니다. 기분에 따라, 혹은 외부의 압력에 따라 원칙이 흔들리는 리더 밑에서 팀원들은 안정감을 느낄수 없습니다. 어제는 품질이 최고라고 말했다가 오늘은 무조건 납기 우선이라고 말한다면, 팀은 어떤 장단에 춤을 춰야 할지 혼란스러워합니다. 리더의 말과 행동, 그리고 의사결정의 기준이 일관될 때, 팀원들은 비로소 리더를 신뢰하고 자신의 업무에 몰입할 수 있습니다.

어떤 사람에게는 마이크로 매니징이 필요하지만 어떤 사람에게는 마이크로 매니징이 팀원의 영혼을 갉아먹는 최악의 적이 될 수 있습니다. 특히 유능한 인재를 뽑아놓고 그의 모든 행동을 지시하는 것은 스포츠 카를 사서 시속 20km로만 달리게 하는 것과 같습니다. 팀에게 목표(What)와 이유(Why)를 명확히 제시했다면, 그 목표에 도달하는 방법(How)은 과감히 위임해야 합니다. 이것이 자율성입니다. 하지만 이 자유에는 반드시 책임이 따릅니다. 자율 없는 책임은 팀원을 소진시키는 부담이 되고, 책임 없는 자율은 팀을 혼란에 빠뜨리는 방임이 됩니다. 리더는 팀이 스스로 내린 결정에 책임을 지고, 그 결과로부터 배울 수 있는 환경을 만들어주어야 합니다.

많은 팀이 피드백을 어색하고 불편한 것으로 여깁니다. 하지만 성장은 불편함 속에서 시작됩니다. 1년에 한 번 하는 공식적인 평가가 아니라, 일이 벌어지는 현장에서 즉각적이고, 솔직하며, 건설적인 피드백이 물처럼 흘러야 합니다. 이때, 앞서 설명한 바와 같이 "이 코드는 별로네요?"가 아니라 "이 코드는 제가 생각하는 기능을 처리하지 못할 거 같은데, 이런 기능을 추가하면 더 안정적이지 않을까요?"처럼, 비난이 아닌 대안을 제시하는 피드백이 중요합니다. 리더는 긍정적 피드백과 개선을 위한 피드백 모두를 공개적으로 장려하고, 자신부터 피드백을 구하는 모습을 보여줌으로써 안전한 피드백 문화를 구축해야 합니다.

두 번째로, 목표를 공휴하고 방법을 찾게 하는 커뮤니케이션 전략을 실행하면 좋습니다. 팀 운영에서 발생하는 문제의 90%는 커뮤니케이션의 실패에서 비롯됩니다. 특히 리더의 지시 방식은 팀의 성과를 극명하게 가릅니다. 많은 리더들은 구성원에게 "그냥 알아서 깔끔하게 해주세요!"라고 원합니다. 문제는 '알아서', '깔끔하게'는 세상에서 가장 모호한 단어입니다. 리더의 머릿속에 있는 그림과 개발자의 머릿속에 있는 그림은 다를 수밖에 없습니다. 개발자는 의도를 추측하느라 시간을 낭비하고, 불안감 속에서 작업하며, 결국 리더의 기대와 전혀 다른 결과물을 가져오게 됩니다. 이것은 팀의 시간과 에너지를 낭비하는 가장 확실한 방법입니다.

커뮤니케이션에 좋은 예시를 들어보겠습니다. "이번 둘째 주 스프린트의 최우선 목표는 신규 유저의 회원가입 전환율을 현재 5%에서 7%로 2% 향상시키는 것입니다. 현재 데이터 분석 결과, 가입 절차의 복잡함이 이탈의 주원인으로 보입니다. 이 문제를 어떻게 해결할 수 있을지, 기술적으로나 마케팅관점 그리고 UX관점으로 최선의 방법을 팀에서 논의하고 제안해 주세요!" 이렇게 말하면 문제(전환율 저하)와 성공의 기준(7% 달성), 그리고 배경(데이터 분석 결과)을 명확하게 정의한 것이 됩니다. 그러나 해결책은 강요하지는 않습니다. 이는 팀에게 '왜' 이 일을 하는지에 대한 명확한 목적의식을 심어주는 동시에 '어떻게' 해결할지에 대한 전문가로서의 자율성과 창의성을 존중하는 방식입니다. 리더는 정답을 주는 사람이 아니라, 팀이 정답을 찾아가도록 좋은 질문을 던지는 사람이어야 합니다.

세 번째로, 사람은 인정과 성장으로 움직이기 때문에 동기부여로 팀원을 관리하면 좋습니다. 뛰어난 개발자는 높은 연봉만으로 붙잡아 둘 수 없습니다. 그들의 마음을 움직이는 것은 돈으로 살 수 없는 내적 동기, 즉 성장, 인정, 그리고 의미 있는 영향력입니다. 뉴뇨의 경우, 종종 내가 짠 코드와 내가 기획한 기능이 세상을 어떻게 바꾸고 있는지 보여줍니다. "이번에 우리가 배포한 성능 개선 작업 덕분에, 메인페이지 로딩 속도가 0.5초 빨라졌고, 이탈률이 3%나 감소했습니다. 이는 하루 1만 명의 사용자가 더 쾌적한 경험을 하게 되었다는 의미입니다."와 같이, 나의 일이 비즈니스 성과와 사용자에게 미치는 긍정적인 영향을 구체적인 숫자와 스토리로 연결해줄 때, 팀원들은 자신의 일에 대한 자부심을 느낍니다.

개발자는 어제보다 나은 오늘의 내가 되는 것에 희열을 느낍니다. 항상 하던 일만 반복하게 해서는 안 됩니다. 신입 개발자에게도 사이드 프로젝트나 작은 기능의 오너십을 부여하여 책임감을 가지고 성장할 기회를 주는 것도 중요합니다. 시니어 개발자에게는 새로운 기술을 연구하고 팀에 공유하는 테크톡(Tech Talk)을 장려하거나, 복잡한 아키텍처 설계를 주도할 기회를 제공해야 합니다. 성장이 정체되었다고 느끼는 순간, 그들은 이력서를 업데이트하기 시작할 것입니다.

인정은 가장 강력하고 저렴한 동기부여 도구입니다. 버그를 잡거나, 새로운 기능을 출시하는 눈에 띄는 성과뿐만 아니라, 보이지 않는 곳에서의 노력에도 박수를 쳐주어야 합니다. "OO님이 리팩토링 해준 덕분에 코드 가독성이 좋아지고 다른 담당자가 와도 빠르게 분석할 수 있어서 도움이 되었을 것이라 생각합니다."와 같은 구체적인 칭찬은 팀 전체에 '품질'과 '협업'이라는 중요한 가치를 전파하는 효과를 낳습니다.

네 번째는, 팀을 운영할 때 규율과 자유를 함께 주어야 합니다. 효율적인 운영을 위해서는 체계적인 시스템이 뒷받침되어야 하는데,, 여기서 도구와 방법론은 팀을 옥죄는 규칙이 아니라, 불필요한 마찰을 줄이고 중요한 것에 집중하게 만드는 윤활유 역할을 합니다. 여러 가지 방법론이 있는데, 몇 가지만 소개하겠습니다.

첫째로는, 애자일 스크럼 방법론이 있습니다. 애자일 스크럼 방법론은 짧은 개발 주기(스프린트)를 반복하여, 예측 불가능한 시장의 변화에 민첩하게 대응하는 방법론입니다. 중요한 것은 "매일 아침 회의를 한다"가 아니라 "빠른 실패와 학습을 통해 지속적으로 서비스를 개선한다"는 애자일의 철학을 이해하는 것입니다.

다음으로는, 칸반 보드 방법론이 있습니다. 해야 할 일, 진행 중인 일, 완료된 일을 시각적으로 공유하여 모든 팀원이 프로젝트의 현재 상황을 한눈에 파악하게 합니다. 이는 투명성을 높이고, 특정 팀원에게 업무가 과중되는 병목 현상을 조기에 발견하게 해줍니다.

세 번째로는, 데일리 스탠드업 미팅 방법론이 있습니다. 15분 이내로 진행하는 이 짧은 미팅의 목적은 리더에게 보고하는 시간이 아니라, 팀원 간의 싱크를 맞추는 시간입니다. 어제 한 일, 오늘 할 일, 그리고 나를 가로막는 장애물은 무엇인가?를 공유함으로써, 서로의 상황을 이해하고 도움이 필요한 동료를 즉시 지원할 수 있습니다.

네 번째로는, 회고(retrospective) 방법론이 있습니다. 스프린트나 프로젝트가 끝난 후, 단순히 결과만 평가하는 것이 아니라 과정을 돌아보는 시간을 갖는 것입니다. "무엇이 잘 되었는가?(Keep)", "무엇이 문제였는가?(Problem)", "다음엔 무엇을 시도해볼까?(Try)"를 팀원 모두가 솔직하게 이야기하며, 팀 스스로 문제를 진단하고 개선하는 '자가 학습 능력'을 키우는 핵심적인 활동입니다.

다섯 번째로는, 문제는 터뜨리고 사람은 품어 관리하는 '관리방법론'이 있습니다. 팀에 갈등이 없는 것은 좋은 신호가 아니라, 오히려 모두가 침묵하고 있다는 위험 신호일 수 있습니다. 서로 다른 전문가들이 모였기에 의견 충돌은 지극히 당연하고, 오히려 건강한 갈등은 더 나은 결과물을 만드는 촉매제가 됩니다. 리더의 역할은 갈등을 없애는 것이 아니라, 파괴적인 갈등을 건설적인 논쟁으로 전환시키는 것입니다. 나쁜 갈등은 상대방의 인격과 능력을 비난하는 것입니다. 나쁜 갈등이 생기면 방어적인 태도와 감정의 골만 깊어질 뿐입니다. 반대로 좋은 갈등은 사람을 향하지 않고, 문제와 아이디어 자체에 집중하는 것입니다. 더 나은 해결책을 찾기 위한 건전한 토론으로 이어질 수 있기 때문입니다. 리더는 갈등 상황에서 심판이 아닌 중재자가 되어야 합니다. 양측의 의견을 충분히 듣고, 감정적인 언어 대신 객관적인 사실과 데이터에 기반해 대화하도록 유도하며, 최종적으로 "우리의 공동 목표는 무엇인가?"를 상기시켜 문제 해결에 집중하게 해야 합니다.

여섯 번째로는, 리더의 역할은 코치이자 스피커로서의 '방패 방법론'이 있습니다. 훌륭한 리더는 팀원들보다 일을 더 잘하는 사람이 아닙니다. 팀원들이 최고의 일을 할 수 있도록 환경을 만드는 사람입니다.

코치로서의 리더는 팀원의 커리어 목표에 관심을 갖고, 그들의 성장을 위한 과제와 기회를 연결해주어야 합니다. 정답을 알려주기보다 올바른 질문을 통해 스스로 답을 찾도록 도와야 합니다.

방패로서의 리더는 경영진의 비현실적인 요구사항이나, 의뢰인의 비현실적인 요구사항이나, 다른 부서의 불합리한 요청으로부터 팀을 보호하는 방패가 되어야 합니다. 팀이 외부의 '소음'에 흔들리지 않고 오롯이 본질적인 업무에 집중할 수 있도록 완충 지대를 만들어주는 것입니다.

스피커로서의 리더는 팀이 이룬 성과와 숨은 노력을 경영진과 다른 부서에 적극적으로 알리는 스피커가 되어야 합니다. "우리 팀 개발자들이 밤새워 노력한 덕분에 서버 비용을 20%나 절감했습니다."처럼, 구체적인 숫자와 사례를 들어 팀의 기여도를 정확히 보고하고, 그 공을 팀원들에게 돌려야 합니다.

궁극적으로 리더십은 "내가 이만큼 해냈다"를 증명하는 것이 아니라, 팀원들이 "우리가 함께 해냈다"고 외치게 만드는 과정입니다.

일곱 번째로는, '원격 조정자'로서의 방법론이 있습니다. 원격으로 일할 때는 보이지 않아도 신뢰해야 합니다. 물리적으로 떨어져 일하는 환경에서는 기존의 팀 운영 방식이 통하지 않습니다. 더 의식적이고 체계적인 노력이 필요합니다.

리더는 문서 중심의 협업을 하도록 해야 합니다. 구두로 전달 된 내용은 쉽게 잊히고 오해를 낳습니다. 회의록, 결정 사항, 기술 설계 등을 명확한 문서로 남겨, 누구나 언제든 확인할 수 있게 하는 비동기 커뮤니케이션, 즉 실시간이 아니라 시차를 두고 서로 다른 시간대에 말을 하는 것이 핵심이 됩니다.

또한 리더는 신뢰 기반의 성과를 관리해야 합니다. 눈에 보이지 않는다고 해서 팀원을 의심해서는 안 됩니다. '얼마나 오래 앉아있는가'가 아니라 '어떤 결과물을 만들어냈는가'에 기반한 성과 평가가 이루어져야 합니다.

의도적인 유대감을 형성하면 좋습니다. 사무실의 '정수기 앞 잡담'이 주는 유대감은 저절로 생기지 않습니다. 온라인 커피챗, 업무와 관련 없는 이야기를 나누는 슬랙 채널 운영 등, 팀의 친밀감과 인간적인 관계를 유지하기 위한 의도적인 장치를 마련해야 합니다.

여덟 번째로, 리더 자신을 돌아보는 '반성자'로서의 방법론이 있습니다. 정기적으로 스스로에게 다음 질문을 던져보면 좋습니다.

- 우리 팀의 최우선 목표는 무엇이며, 모든 팀원이 그 목표를 명확히 이해하고 있는가?
- 나는 팀원에게 '어떻게'가 아닌 '왜'를 충분히 설명하고 있는가?

개발, 그렇게 하는게 아닌데?

- 최근 일주일 동안 팀원의 성과나 노력을 구체적으로 칭찬한 적이 있는가?
- 불필요하게 팀의 시간을 빼앗는 회의는 없는가?
- 팀 내에 불편한 침묵이나 해결되지 않은 갈등은 없는가?
- 나는 팀원들의 성장을 위해 어떤 기회를 제공하고 있는가?
- 팀원들은 나에게 솔직한 피드백을 주거나, 어려운 문제를 편하게 이야기 할 수 있는가?
- 나의 말과 행동은 일관성을 유지하며 팀에게 신뢰를 주고 있는가?

결론적으로 팀 운영은 더 이상 소프트 스킬이나 부차적인 업무가 아닙니다. 그것은 회사의 생존과 직결된 핵심 전략이자, 장기적인 경쟁력을 결정하는 가장 중요한 요소입니다. 잘 운영되는 팀은 단순히 주어진 일을 빨리 끝내는 조직이 아닙니다. 서로의 아이디어를 노출하여 더 나은 결과물을 창조하고, 동료의 성장을 자극하며, 예상치 못한 위기 속에서도 쉽게 무너지지 않는 회복 탄력성을 가진 유기체와 같습니다. 리더의 가장 중요한 사명은 바로 살아있는 유기체를 만들고 성장시키는 것입니다.

외주 개발 계약, 절반은 실패한다?

**Half of Outsourced
Development Contracts End in Failure?**

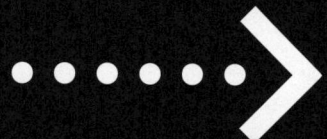

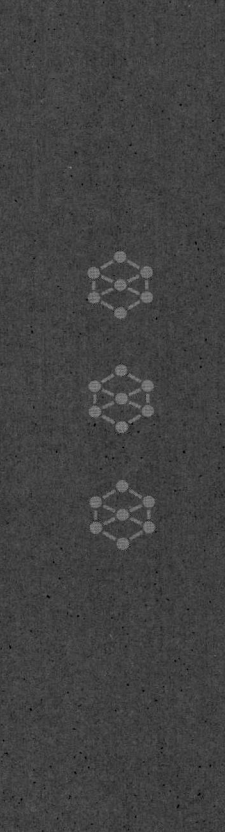

외주 개발 계약,
절반은 실패한다?

스타트업 대표의 머릿속에는 멋진 아이디어가 가득합니다. 이 아이디어를 현실로 만들기 위해 가장 먼저 떠올리는 선택지 중 하나가 바로 '외주 개발'입니다. 최소한의 초기 인력으로 리스크를 줄이고, 전문가의 손을 빌려 빠르게 제품을 만들 수 있다는 장점은 무척이나 매력적입니다. 하지만 통계를 살펴보면 외주 프로젝트의 절반 이상이 약속된 시간과 예산을 훌쩍 넘기거나, 기대했던 품질에 미치지 못해 실패로 끝납니다. 가장 큰 원인은 단 하나, '계약 단계에서의 준비 부족' 때문일 것입니다.

많은 대표들이 외주를 돈을 주고 개발을 맡기는 단순한 거래로 생각하지만, 이는 크나큰 착각입니다. 성공적인 외주 개발은 '파트너십'을 맺는 과정이며, 계약서는 그 파트너십의 규칙과 청사진을 담은 가장 중요한 문서입니다. 이 챕터에서는 실패를 피하고 성공을 보장하는 외주 계약의 A to Z를 다뤄보도록 하겠습니다.

왜 그토록 많은 외주 계약이 실패하는가?

●

계약서에 도장을 찍기 전, 우리는 수많은 문제와 마주하게 됩니다. 대부분의 분쟁은 아래 네 가지 범위 안에서 발생합니다.

첫 번째로 기능범위(Scope)에 대해 '알아서 잘'이라는 안개 속에서 항해하는 것과 같은 요구 때문입니다. 의뢰인(대표)은 "인스타그램 같은 앱을 만들어주세요."라고 말합니다. 하지만 개발사의 머릿속은 복잡해집니다. "로그인과 회원가입은 기본이고, 사진 필터 기능은 몇 개나 필요하지? 다이렉트 메시지 기능도 포함해야 하나? 스토리 기능을 만들어야 하나? 관리자 페이지에서는 어떤 데이터를 봐야하지?" 이처럼 구체적인 정의 없이 '간단한 SNS기능'처럼 추상적인 요구는 재앙의 시작입니다. 개발사는 최소한의 기능으로 해석하고 견적을 내지만, 의뢰인은 자신이 상상한 모든 기능을 기대합니다. 이 간극이 바로 분쟁의 씨앗입니다.

두 번째로 배보다 배꼽이 커지는 추가 비용의 늪입니다. 초기 계약은 놀라울 정도로 저렴해 보일 수 있습니다. 일부 개발사는 일단 계약을 성사시키기 위해 최소한의 기능만 포함된 낮은 견적을 제시합니다. 그리고 개발이 진행되면서 의뢰인이 "아, 이 기능도 필요해요"라고 말할 때마다 '추가 비용'이라는 청구서를 내밉니다. 의뢰인 입장에서는 약속을 어긴 배신처럼 느껴지고, 개발사 입장에서는 계약에 없던 일을 요구하는 '진상 의뢰인'으로 비칩니다. 결국 감정의 골은 깊어지고 프로젝트는 산으로 가게 됩니다.

　세 번째로는 내 서비스인데 내 것이 아닌 상황이 발생하게 됩니다. 개발이 완료된 후 서비스의 소스코드, 디자인, 데이터베이스 구조 등 모든 산출물의 소유권은 누구에게 있을까요? 이 부분을 계약서에 명확히 하지 않으면, 심각한 문제가 발생할 수 있습니다. 만약 소유권이 개발사에 있다면, 의뢰인은 추후 다른 개발사와 유지보수나 기능 개선을 진행할 수 없게 됩니다. 심지어 소스코드 원본을 받지 못해 서비스 운영에 치명적인 제약을 겪을 수도 있습니다. '내 돈 주고 만든 서비스'가 법적으로는 내 것이 아닐 수 있다는 사실을 명심해야 합니다.

　네 번째로는 '개발자의 3개월'과 '대표의 3개월'은 다르다는 사실입니다. "3개월이면 충분합니다." 이 말처럼 달콤하지만 위험한 약속은 없습니다. 여기서 말하는 '3개월'은 순수하게 개발에만 집중하는 시간을 의미하는 경우가 많습니다. 기획 수정, 디자인 변경, 중간 테스트와 피드백, 예기치 못한 버그 발생 등, 실제 프로젝트에서 발생하는 수많은 변수는 제외되어 있습니다. 발주자 관점에서의 3개월은 '기획부터 출시까지'를 의미하지만, 개발자의 3개월은 '코딩 시작부터 완료까지'일 수 있습니다. 이 시간 개념의 차이가 프로젝트의 신뢰를 무너뜨리는 가장 흔한 원인입니다.

계약 전 준비가 성공의 90%를 결정짓는다

•

성공적인 계약은 협상 테이블이 아니라, 그 이전에 끝납니다. 철저한 준비만이 개발을 외주용역 맡기시는 분의 돈과 시간을 지켜줍니다.

첫 번째로 '무엇을 만들 것인가'를 명확히 정의하는 문서가 필요합니다. 전문가처럼 완벽하게 쓸 필요는 없습니다. 아래 항목들을 중심으로 최대한 구체적으로 정리하는 것이 중요합니다.

프로젝트 목표

– 이 서비스를 통해 무엇을 이루고 싶은가?

핵심 기능

– 이것 없이는 서비스가 존재할 수 없는 핵심 기능은 무엇인가?

확장 기능

– MVP 출시 후 추가하고 싶은 기능은 무엇인가?

제외 기능

– 이번 프로젝트에서는 만들지 않을 기능은 무엇인가?

두 번째로 무작정 "얼마에요?"라고 묻기보다, "저희 예산은 OOO원입니다. 이 안에서 구현 가능한 최선의 MVP는 무엇일까요?"라고 접근하는 것이 훨씬 효율적입니다. 예산 범위를 명확히 제시하면, 개발사는 그에 맞춰 현실적인 기능 범위를 제안할 수 있습니다. 가급적 '고정 금액+명확한 기능 범위' 방식으로 계약하여 추가 비용 발생을

개발, 그렇게 하는게 아닌데?

최소화해야 합니다.

세 번째로 단순히 견적이 싸다는 이유로 파트너를 선택하는 것은 가장 위험한 결정입니다. 반드시 아래 항목을 확인하셔야 합니다.

포트폴리오

- 내가 만들려는 서비스와 유사한 프로젝트를 진행해본 경험이 있는지 확인합니다.

의뢰인 레퍼런스

- 과거에 일했던 의뢰인사에 연락하여 평판을 확인하는 것도 좋은 방법입니다.

사업자 상태

- 계약 주체가 신뢰할 수 있는 사업자인지 조회해봐야 합니다.

커뮤니케이션

- 프로젝트를 어떤 방식으로 관리하고 소통하는지 미리 확인해 볼 수 있습니다.

변호사보다 든든한 계약서 핵심 조항

•

계약서는 분쟁이 생겼을 때 당신을 지켜줄 유일한 무기입니다. 아래 조항들은 반드시 포함하고, 변호사의 검토를 거치는 것이 가장 안전합니다.

첫 번째로 작업의 범위입니다. 요구사항 정의서(RFP)를 기반으로 포함되는 기능 목록, 명시적으로 제외되는 기능, 추후 협의할 기능을 상세히 기술합니다. '화면 설계서 버전 1.2기준'처럼 특정 문서를 기준으로 삼는 것도 명확하고 좋은 방법입니다.

두 번째로 일정과 마일스톤입니다. 전체 프로젝트 기간을 작은 단위로 쪼개고, 각 단계별 완료 기준과 결과물을 명확히 정의합니다. 예를 들어 1차로는 기획과 디자인 완료, 2차로는 회원 기능 개발 완료, 3차로는 결제 기능 개발 및 테스트 완료, 이런 식으로 나누면 좋습니다.

세 번째로 프로젝트를 통해 생성된 모든 산출물(소스코드, 디자인, 기획 문서 등)의 지식재산권은 최종 잔금 지급 시 "의뢰인(의뢰인)에게 귀속된다"는 조항을 반드시 명시해야 합니다.

네 번째로 각 마일스톤 완료 후, 의뢰인이 결과물을 검토하고 승인하는 절차를 정의하면 좋습니다. '검수 기간은 N일로 한다', '어떤 기준을 통과해야 승인으로 간주한다', '수정 요청은 N회까지 가능하다' 등 구체적인 규칙을 정하면 좋습니다.

다섯 번째로 비용 및 지급 조건입니다. 계약금, 중도금, 잔금의 비율과 지급 시점을 마일스톤과 연동합니다. 예를 들어 계약시 30%, 2차 마일스톤 완료 및 승인 후 40%, 최종 결과물 배포 및 승인 후 30% 등, 최종 승인 전까지 잔금을 보류하는 것은 품질을 보장하는 강력한 안전장치가 되어줄 것입니다.

여섯 번째로 유지보수 및 하자보수입니다. 프로젝트 완료 후 특정

개발, 그렇게 하는게 아닌데?

기간(예:3개월)동안 발생한 버그나 오류에 대해 무상으로 수정해주는 '하자보수' 조항을 포함해야 합니다. 그 이후의 유지보수는 별도 계약으로 진행됨을 명시해야 합니다.

일곱 번째로 계약 해지 및 분쟁해결입니다. 어느 한쪽이 계약을 중대하게 위반했을 경우 계약을 해지할 수 있는 조건과 위약금을 명시해야 합니다. 분쟁 발생 시 소송을 진행할 관할 법원을 미리 지정해두는 것이 좋습니다.

'갑'이 아닌 '파트너'가 되는 협상 전략
●

협상은 상대를 꺾는 과정이 아니라, 함께 성공하는 방법을 찾는 과정입니다.

첫 번째로 가격 깎기 대신 범위 조정을 하는 게 좋습니다. 무조건 비용을 깎으려 하면 품질 저하로 이어집니다. 대신 "예산에 맞추기 위해, 푸시 알림 기능은 다음 버전에서 개발하는 것은 어떨까요?"와 같이 기능 범위를 조정하며 가치를 협상해야 합니다.

두 번째로 작은 프로젝트로 먼저 테스트해야 합니다. 수천만 원짜리 계약을 바로 진행하기보다, 디자인 시안 제작이나 간단한 랜딩 페이지 개발 같은 작은 프로젝트를 먼저 맡겨보면 좋습니다. 이를 통해 개발사의 실력, 소통 방식, 책임감을 미리 검증할 수 있습니다.

세 번째로 투명한 커뮤니케이션 시스템을 구축해야 합니다. 계약

단계에서부터 프로젝트 관리 툴과 협업 툴 사용을 합의해야 합니다. 주간 보고, 정기 회의 등 진행 상황을 투명하게 공유받을 수 있는 체계를 만드는 것이 신뢰의 핵심입니다.

계약 전 최종 체크리스트

•

계약서에 서명하기 전, 스스로에게 질문을 던져보면 좋습니다.
- 누가 봐도 오해의 소지가 없는 기능 정의서(RFP)를 전달했는가?
- 이번 버전에 꼭 필요한 MVP기능과 나중에 추가할 기능을 명확히 구분했는가?
- 모든 결과물의 지식재산권(IP)이 나에게 귀속된다는 조항이 있는가?
- 대금 지급 조건이 결과물의 품질과 연동되어 있는가?
- 프로젝트 진행 상황을 실시간으로 확인할 협업 툴과 소통 규칙을 정했는가?
- 분쟁이 발생했을 때 어떻게 해결할지에 대한 조항이 계약서에 포함되어 있는가?

결론적으로 말하면, 계약은 기술이 아닌 신뢰를 주고 받는 행위입니다. 외주 계약은 단순히 개발이라는 기술을 사는 행위가 아닙니다. 그것은 아이디어를 현실로 만들어 줄 파트너와의 신뢰 관계를 계약서라는 문서로 구체화하는 과정입니다. 준비 없는 계약은 실패를 예약하는 것과 같습니다. 반면 꼼꼼하게 준비한 계약 조항과 명확하게 정의된 기능 범위는 프로젝트가 끝나는 날까지 의뢰자의 회사를 지켜주는 가장 든든한 안전망이 되어줄 것입니다. 결국, 외주 프로젝트의 성공은 의뢰자가 얼마큼 준비했는지에 따라 성패가 좌우됩니다.

마지막으로

Lastly

마지막으로

　어느덧 이 책의 마지막에 다다랐습니다. "왜 개발자는 안된다고 말하는 걸까?"라는 말은 어쩌면 당신의 마음속에 늘 자리 잡고 있던 답답한 질문으로 시작된 우리의 여정이 이제 막을 내립니다. 이 책과 함께한 시간이 개발자와의 협업이라는 험난한 바다를 항해하는 당신에게 작지만 든든한 나침반이 되었기를 바랍니다.

　우리는 이 책을 통해 개발자의 세계와 비 개발자의 세계가 얼마나 다른 언어와 사고 방식으로 움직이는지 살펴보았습니다. 그리고 개발자가 내뱉는 "안돼요"라는 한마디에 사실은 얼마나 많은 기술적 고민과 비즈니스적 맥락, 그리고 더 나은 제품을 향한 숨은 제안이 담겨있는지를 함께 확인했습니다.

　이제 독자께서는 더 이상 개발자의 'No'를 넘을 수 없는 거대한 벽으로 느끼지 않을 것입니다. 오히려 우리가 미처 보지 못했던 길을 알려주고, 더 견고한 계획을 세우게 하며, 결국에는 더 나은 목적지로 우리를 이끄는 대화의 신호탄임을 알게 되었을 것입니다.

진정한 협업은 '왜'라는 질문에서 시작됩니다. 이 책의 모든 내용을 단 하나의 문장으로 요약해야 한다면 저는 이렇게 말하고 싶습니다.

"무엇을(What) 만들어달라고 요구하기 전에 왜(Why) 그것이 필요한지 함께 이야기하십시오."

훌륭한 제품과 서비스는 단순히 뛰어난 기획이나 화려한 디자인, 완벽한 코드만으로 만들어지지 않습니다. 그것은 서로 다른 전문가들이 '공동의 목표'라는 깃발 아래 모여 서로의 언어를 배우고, 서로의 관점을 존중하며, 끊임없이 더 나은 해답을 찾아 나서는 치열한 과정 속에서 탄생합니다.

독자 여러분께서는 이제 그 과정을 이끌어갈 강력한 무기를 손에 쥐었습니다. 개발자에게 해결해야 할 문제를 명확히 제시하고, 그들의 전문적인 의견을 경청하며, 현실적인 제약 안에서 최적의 해결책을 함께 찾아 나가는 협상의 기술을 익혔습니다. 당신의 역할은 단순히 아이디어를 전달하는 요청자가 아니라, 팀의 잠재력을 최대로 이끌어내고 공동의 목표를 향해 나아가게 하는 조력자이자 파트너입니다.

이 책을 덮은 후 독자들께서는 현장으로 돌아가 가장 먼저 해야

개발, 그렇게 하는게 아닌데?

할 일은 무엇일까요? 거창한 변화를 시도할 필요는 없습니다. 아주 작은 습관 하나부터 시작해 보십시오. 다음에 동료 개발자로부터 "그건 안될 것 같은데요"라는 말을 듣게 된다면, 실망하거나 반박하기 전에 잠시 멈추고 이렇게 질문해 보는 것입니다.

"혹시 안된다고 생각하시는 이유를 조금 더 쉽게 설명해 주실 수 있을까요?"

"그렇다면 이 문제를 해결하기 위한 다른 좋은 방법이 있을까요?"

"우리가 가진 시간과 자원 안에서 할 수 있는 최선은 무엇일까요?"

이 작은 질문 하나가 굳게 닫혀있던 소통의 문을 여는 열쇠가 되고, 막혀있던 프로젝트에 새로운 활력을 불어넣는 돌파구가 될 것입니다.

이 책은 완결된 정답지가 아닙니다. 빠르게 변화하는 기술과 수많은 변수가 존재하는 실제 현장에서 독자님의 해답을 찾아 나갈 수 있도록 돕는 자료이자 사고의 도구입니다. 부디 이 책을 통해 얻은 지혜와 용기로 더 이상 "안된다"는 벽 앞에서 좌절하지 마십시오. 그 벽을 문으로 바꾸고, 동료들과 함께 최고의 제품과 서비스를 만들어 나가는 즐거움을 만끽하시길 바랍니다. 당신의 성공적인 협업 여정을 진심으로 응원합니다.

publisher   instagram

개발, 그렇게 하는게 아닌데?

초판 발행 2025년 11월 12일

지은이 강성봉, 자니스

펴낸이 최대석 **펴낸곳** 드러커마인드 **출판등록** 307-2007-14호

등록일 2006년 10월 27일

주소 서울특별시 종로구 종로1길 50 더케이트윈타워 B동 위워크 2층 행복우물/드러커마인드

전화 031-581-0491

전자우편 book@happypress.co.kr

정가 17,500원   **ISBN** 979-11-94192-43-5(03810)